THE FRESCO TECHNIQUE

LA TÉCNICA DEL FRESCO

THE FRESCO TECHNIQUE

LA TÉCNICA DEL FRESCO

by

Carlos Santibáñez Andonegui

Bilingual edition

Translated from Spanish and edited

by

Arthur Gatti
and
Roberto Mendoza Ayala

Foreword, Introduction and Preliminary notes by
Raúl Renán, Virgilio Torres Hernández and
María Ángeles Juárez Téllez

Illustrated by
Midori Adelaida Valle Juárez and Alonso Venegas Gómez

Cover design by
Alonso Venegas Gómez

DARK LIGHT
PUBLISHING
NEW YORK • MÉXICO

2019

First printing: 2019

ISBN: 978-1-7337341-1-0

Designed and typeset in New York City by:

Darklight Publishing LLC
8 The Green Suite 5280
Dover, DE 19901

Cover photograph: detail of a fresco painted by Michelangelo Buonarroti in the Sistine Chapel between 1511-1512, representing to Jehoshaphat, son of Asa, king of the Kingdom of Judah.

Contents

IV. Wind's Theme

V. The Report Book

Índice

IV. Tema del viento

V. Libro de reportes

Foreword*

Carlos Santibáñez, an open-freedom poet

FROM *Glorias del Eje Central* [1], Carlos Santibáñez has made of his poetry an urban poetic. A fragmented ideology represented by the symbolic cycles of the city named and located, establishing a geographical whole that demarcates our capital entity.

The poet designed a route drawn to the point of conspicuous verses for all those memories that preserve the image of the twentieth-century Mexico, which was a world where civic concordance and poetry still prevailed and where the verse tended to be supported by its rhymes.

The curtain with which Santibáñez surrounds his city covers the key places of a man who was a 30-years-old author, not much but enough to keep in a family atmosphere of a young man with an eagle eye.

Temporally, with this new book of his, Santibáñez is not an embellished confession. In *The Fresco Technique*, he says he returns to his youngest years "to go for the broken dishes of childhood". It is about to "win the notion of time" as he establishes it in "I'm born tomorrow:" "Be born! What is called to be born!," clarifies the poet.

But this fresco that Santibáñez thematizes comprises a double concept: the one that refers to "the one who acts with freshness and brazenness" (according to the Larousse Dictionary) or the one about the mural painting of softness of tones that gives voice to the wall as a confession received by the wall of lamentations.

The fact that the poetry of Carlos Santibáñez is aimed in *The Fresco Technique* by the will of the memory with concentrated imagination, is an aspect in which the figures of his youth are reflected in his personal language. His works on the city, his drawings, have to do with the social language of those years: "To make someone's life difficult," "Do not lose the compass," "Waiting to see at what time."

---

* The Mexican poet Raúl Renán (1928-2017) wrote the Foreword which accompanied the original file of the book. The following Introduction and Preliminary notes were written specifically for this posthumous edition.

The experience of the poem fits the language to the manner of the open-freedom poet, converting it into style. There is in it a Mexican tinge that identifies with the reader. However, this separates the poet from others of his generation who sought to adapt to the modes in vogue.

The treatment of good humor of the poet displaces a social force rare in these times except for some avant-garde poets like Ricardo Castillo and José Eugenio Sánchez. I can consider this work an innovation given the spirit that animates it. Carlos plays with his own poems as objects of accessible living language in which the reader appropriates the verses and speaks of them anticipating himself and addressing unknowingly the sonorous matter of poetry always effective at the time of public reading.

The route that Carlos Santibáñez started with *Glorias del Eje Central* drives a trail that repaints the chaotic trace of Mexico City and with it in this magnificent fresco gathers all the impressive memory of his school years and those of adoption of his primary camaraderie. In this journey Santibáñez reaffirms his language as a component of plans where academic knowledge suffers a speculative format with the applied force of the words of the continuous say of communication.

The academic Carlos Santibáñez, who is also a critic of poetry and a professor of Literature, is always behind the urban street man, and this is the efficacy of his lyrical result that has no comparison with others, no matter how much they search for idiomatic reinforcement between the plot of what has been already written. Carlos keeps on with the language in a poetic order that the sympathy of the reader answers with a gratifying smile.

RAÚL RENÁN

Introduction

Carlos Santibáñez, filiation size poetry

We were early risers so as to arrive at the group 1st "D" at the "Moisés Sáenz" No. 4 High School in Mexico City.

We were amazed by the classroom overlooking the central patio and the handball court. The teachers took their roles. One per subject. One for each piece of knowledge. Carlitos Santibáñez Andonegui (CSA) stood out from the beginning due to his sharpened index finger raised to answer the teachers' questions. His finger was a flame that impressed the common denominator of the new students.

We studied three years of high school with the flavor of a country that went from the peaceful term of President López Mateos to the whirl of Díaz Ordaz. In 1968, the news of the mobilizations reached that patio of San Cosme where we pitched coins.

The real noise arrived, but not the one imagined by *estridentistas* poets like Arqueles Vela, who was our neighbor in the Annexed Normal School.

We joined the Olympic spirit of 1968 with a gymnastic parade in the middle of the *Zócalo*. There, Carlos and I, dressed in white, began to poetize the city of the unpriced viceregal palaces.

At the end of high school, everyone followed their path. CSA to the San Ildefonso High School. Me, to a newly created CCH. We would meet again at the Faculty of Philosophy and Literature of the UNAM, where CSA studied Hispanic Letters and I philosophy. We were reunited again by the sense of the world and the desire to express the being at hand, without diffuse pretensions.

In 1975 we organized a series of readings of young poets in the library "Vicente Lombardo Toledano," called *Poesía al rojo vivo* (Red-hot poetry).

There, through the mediation of teacher Margarita Peña, (recently deceased), we met Rodolfo Usigli. The poet of *Contemporáneos*, dressed in his WWII coat, greeted us and wished us success. His figure, somewhat formal—or a lot—due to his diplomatic work, impressed us.

He was not the gray eminence. Usigli was the creator of an awareness of the myths of our politics since its post-revolutionary birth. He was the creator of characters who criticized the thin line that unites worldliness and public service with the *tenebra*, that arrogance of power with a known address.

Not by chance, in the poetry of CSA there are always allusions to these sorts of consort areas that define the sphere of officialism with its burden of heaviness, vanity and paraphernalia. The *politesse* is acclimated, in the Mexican case, with that flattery of forms that set up the bureaucratic mannerism, with its cauda of empty gestures and commonplaces in speech.

The poet CSA would make a parody of this environment in order to deliver memorable poems that inaugurate a festive use of the mannerism of our socialites.

In the Faculty we made new friends and published the *Zona* magazine along with Héctor Carreto, Carlos Oliva Lozano, Fernando Santiago and Sergio Gamero. Our friendship would be held, with comings and goings, always hand in hand with the world and national literary news.

In the book *The Fresco Technique*, the section "The Report Book" displays a kind of poetized autobiography. It is made of short verses that, as a counterpoint, fulfill the range of language functions à la Roman Jakobson.

The flow of names is sometimes exuberant, but the expectation of the verse and the fluidity of a story are never lost.

That resembles to me the ballads of Spain and America in which the anecdote predominates, overflowing with digressions, voices and variants. Not by chance the thesis of CSA in the degree in Hispanic letters was about the figure of Fernán González in literature.

In the poems of Santibáñez there is an urgency to get away from the commonplace by naming it, thus saving himself from grandiloquence through a declamatory parody that demystifies social or civic values.

In the theme of love, for example, he highlights a courtesy of language that does not fall into the bad habits marked by kitsch, bombast or sensationalism.

A *sermo humilis* hardened in the equidistance between the author and the reader seems to hold this poetry where the poet does not impose taste or dictate lectures, but discovers the world of others, of all, aimed by an *ethos* where each person fulfills a revealing function.

It is a poetry that celebrates the metaphor. CSA nurtured himself from the fields proposed by Bachelard where images were not festive screens, but corporal entities, reason of being of the sense of the world. CSA often found these images —with a keen sense of taste, prosody and hearing— in the twists of speech, in the daily utterances, in the particular slang of some audiences, brotherhoods or ghettos.

His aesthetic premise was to listen between the lines, storing the *sotto voce*, listing the manifest content (as Freud would say), prolonging the virtues of the "set phrase" without remaining in it unarmed before the unanimity of the meaning of language.

Luis Mario Schneider noticed in the poetry of CSA a voice of his own that moved away from the *estridentista* perspective with its techno-poiesis, and from the coldness of the *Contemporáneos* that, according to Octavio Paz, proposed an "aesthetics of the mental."

From my point of view, in the poetry of CSA we attend an exercise of a carnality with ideas. It is a phenomenology, not of relaxation, but of totalizing enjoyment in a country that seems to fall apart, yet reconstructs itself from the festive intimacy of the lyric poet.

These are poems where the common factor is the tempo of the minutia and the epiphany of the everyday. CSA did not test empty experiments. His poems resume the syllogistic development of ideas without falling into the esoteric.

There is a lyricism here that CSA assumes as a perennial "fiestema" (*Fiestemas* [2] became the title of one of his books), as an ontological knot that groups together the great themes: love,

13

death, dreaming; existence as an always unfinished project that gives account of its curricular values always in the making, against the current of official truths.

In *The Fresco Technique*, CSA builds an intertextuality that is based on his personal history, but that also goes to the computer slang, to the opinion of public conversation, to the illustrative quotation, to the air of a proverb of a priestly book of hours, to the praise and to the expletive. The result? A blissful mix of postmodern ballads with an air of Beat Poetry. Repetitions that reinforce the praise, rhymes that accentuate the apparent mnemonic "easiness" of the poet, verses where, sometimes, in an imperative tone, he balances the accounts with the preconceived knowledge.

There is a whole series of tones extracted by the poet CSA from the faces and situations that flourish in his verses. In the background, there is a single character that clarifies the recount of facts: the poet CSA himself, with an investiture of overwhelming lyricism.

They are short verses that emphasize conviction, vision and versions of a *weltanschauung* (worldview) as CSA would say, which induce some air of certainty or assertive premonition, for example in the case of the dialectic between life and death in the first part of the book.

His verses, from his first books, emphasized the image and the discursive commitment imposed by the anecdote. It is not an empty syllogistic becoming, or a condescending scheme. They are poems thought from the singing and from the forcefulness of the dialogue with all its possibilities of phrasing.

Hence, certain poems by CSA remind us of the tone used in the poems of Marco Antonio Montes de Oca, especially in his latest books.

There is a privileged element here: the other, the neighbor in the Christian version. In the poetry of CSA there is always a need to invoke the other. It is a vocative that assumes various forms of concretization, from swift evocation to imperative insistence with name and surname. That is why the emergence of people, of names that go beyond the scope of the empty filiation to become paradigmatic entities of the existential vision of the poet, looks familiar.

It is not a matter of displaying senselessly a rosary of names, but of starting from the nominal toward the integration and autonomy of that unique world of social relationships, of the group or the matrix, of a new "courtesy" in the Dantesque sense, that owes, not a little, to the sympathetic magic that George Frazer poses in *The Golden Branch*.

In the second part of *The Fresco Technique* we attend the version of paradise regained: the memory of High School No. 4, with its anamnesis of everyday life and the promise of happiness that early youth bring in its Apollonian attempt.

They are short verses that inaugurate puns, equalize distances in the primal *ethos* of young men who master the algorithm of certain chaos, where the one that imposes some order is the "Report Book" as an alternate young Carlos who intends to be a poet and he does well as group leader from the first to the third "D" groups; *tour de force* or asceticism to reveal, through playfulness, the slack of poetry whose most immediate goal is to make an ontological, ritual, playful and sacred core, where we always recognize ourselves.

The value of the irruption, of the digression, of the idea revealed in the middle of a forest of unanimity, stands out in this poetry. In this regard, Carlos Santibáñez always put as an example the verses: "May not dance the Pope" by García Lorca, or "the hot water at ten" by T.S. Eliot (in *The Waste Land*).

His expressive vein re-semantized the expressions to incorporate them into the poem. But it is not just a mechanical or random arrangement. Nothing could be farther from the meticulousness with which CSA managed the language as the final corpus of the poem. He often quoted Valéry and Rubén Darío in a sort of recognition of a literary criticism based on figures of thought rather than semiological formulas.

This attachment to the forcefulness of the poetic image marked his literary work. We went together through the philosophy and poetry seminar of Ramón Xirau where we analyzed Góngora's *Soledades*.

The *Gongorismo* (Spanish literary baroque) analyzed by Dámaso Alonso with diligence, served us to evaluate the function of the poetic image rooted in the cadence of the language, despite the hyperbaton.

15

Fortunately for his readers, the poetic images of CSA were never stiff, they were never rhetorical formulas, but they became revelations linked to the soft irony, to the satire, to the self-confidence and the irrevocable celebration of life.

CSA always appreciated the book *Azul* by Rubén Darío; a text where literary genres merge and intertwine to found a longing for aesthetic totality that we can also see in his work.

Before he left us physically, I told CSA about the meaning of some poems in which he used octosyllables or tenths, and where rhyme was dominant. His response was emphatic: "it's my language, it's my tradition."

I understood. It was not about opting for an economy of means, in order to razor the poem. It was a matter of personal aesthetics and a debt to the density of language without protocols, without fake powers.

Returning to the "simple," to the expressive density, was what defined part of his existential motto. He conceived poetry as the supreme means of invoking realities by naming them; like Jorge Guillén whose poetry he appreciated; but also like Javier Solís when singing the verses of "Las rejas no matan," a song that CSA liked a lot, and which he used to sing calling others to follow him.

Like a few others, CSA was able to decipher the lesson contained in José Gorostiza's *Death without End*: talking from one to the other to the supreme realities, with overwhelmed emotion, without being frightened.

The poetic memory of CSA was prodigious. He recited with pleasure "Death without end" or Borges' "Poem of the Gifts". His ear, absolute for the verse, was anticipated to find an aesthetic sense even before consulting common sense or erudite exegesis.

Your ear, Carlitos, and your glance that discovered the ululation of metaphors from afar, will always guide our steps on earth.

VIRGILIO TORRES HERNÁNDEZ

Oaxaca, Oax. November 2018

Preliminary notes

The poem "Fresco technique."
And all the light, the voices, and the corporeal reverie
of creation in
Carlos Santibáñez Andonegui's book
The Fresco Technique / La técnica del fresco

FRESCO TECHNIQUE

On the bones of the dead
the mass is celebrated
and from there begins everything
that I know about this blood-soaked world.

Fresh must be taken, fresh must be left;
Does he have to add bacon to his tragedy?
Go back to the Middle Ages
and stir lime water on your wall.

I reproduce, I die, I am born and I grow up.
I paint. I do the fresco technique.

I feel like I'm born at dawn
and I'm looking for a parent or guardian.
May I change, I ask my Lord,
and I give Him my conscience for a little while.
My conscience: two locks and a small latch.

In my bank they charge me in pure blood.
Those who are born sign a promissory note to every mother.

The school is now what suits me.
A fine layer of things that one has to know.

I'm a schoolboy and I paint for joy.
But only the area that I can cover in one day...

Because once dried everything hardens.
Suddenly one grows.
Goethe told me last night in bed:
Put your hands in human life!

They carry current!

See one's hands, says a character
in the movie *Person*
brings you bad luck.
Egyptians, Goths, Greeks and Romans
they used egg, Arabic gum and wax
to pluck the fresh
from the inert.

I put my hands in human life.
I have plucked the fresh from the inert.
I'm like Goethe.

But I also perform Marina's portfolio,
I am a Life Senator of the Kingdom,
I am like the fresh itself

because I still play pick-up-sticks.

I think the sun goes out of my hands.
From a high-capacity motorcycle
shots are made.

Round ten o'clock at night
I feel it and I get anxious.
There will be a hole in my place.

For sure it was another shining internee.
Oh, God of Fire!
You said to him: Go warm up!

At school soon will be taught:
on the death of Carlos the Daredevil,
the County passed to his daughter María.

I reproduce, I die, I am born, I grow up.
I paint. I do the fresco technique.

And the internees are fleeing
in health
to the "Peripheral Way of Youth."

We have satiated our spirit with the idyllic voices of the poem "Fresco Technique," by the Mexican poet Carlos Santibáñez Andonegui.

By some divine will the poet is granted "gifts," for we are sure that Santibáñez designed his final ecstasy in the first four verses of the poem "Fresco technique" transcribed at the beginning of these preliminary notes: "On the bones of the dead / the mass is celebrated / and from there begins everything / that I know about this blood-soaked world," scene of regent luminosity that emerges up to the end of the aforementioned text (not included in the original file of this book), which anticipates almost all of the creative voices that poetize in their entirety the posthumous legible corpus of *The Fresco Technique / La técnica del fresco*.

A prologue with the signature of Raúl Renán, poet and teacher of many generations, stands out per se in the first pages of this bilingual edition published under the direction of the poet and translator Roberto Mendoza Ayala.

From the yesterdays that kept the poetic works of Renán, in the assertion of Latin voices that name Carlos Santibáñez "Homobono" in *Catulinarias y Sáficas* [3], we still feel his throbbing in the poem XXIV: "Weak of character you are sentenced / Homobono, / as if it did not demand greatness of character / to inhabit this kingdom, / where just like you, your own roses / rot with horror."

The poetry of Santibáñez starts from common phrases that touch several semantic levels until reaching the spirituality of the words, where the images shine in a poetic breath and metaphorical permanence. "Fresco technique" is the poet's DNA: "I am like the fresh itself," a conception manifested in him, from beginning to end in his earthly passage.

"Fresco technique" reveals an intertextual relationship with Wolfgang von Goethe's *Faust* [4], detailing the alchemical concept of the transmutation of matter into energy: to take life from death, from the "bones of the dead," in order "to pluck the fresh from the inert," in an iterative Goethian cycle, where there is no doubt at the time of action.

To his discernments, Santibáñez followed the stellar route of the quiet waters of his memory and enlisted himself the travel to the *Prelude in the Theatre* [5] to *Faust* (dissertation between a Director, a Dramatic Poet and a Clown), substantiating his literature in the total understanding of the aforesaid interlude, and in an act of faith, he transferred it to the theme of the fresco technique, in clear versification of his cyclical style, and because life is cyclical in the daily observation of events.

Between Goethe and Carlos Santibáñez Andonegui there is an astonishing lyrical interpenetration that points out the literary guidelines of our writer, when listening to the voice of The Clown making a life of his own with all its virtues, dramas and intricacies; in sum, risks "...from wherever you take it." This argument is admitted by Carlos and from there he strengthens it, takes it to the vast light of a prevailing verse in vertebral heartbeats that demands: *Put your hand in full human life!* or *Greift nur hinein ins volle Menschenleben!* The philosophy of discourse grants—says Goethe —that the power of man will be revealed to the poet...

Confident of the perfect handling of language by the German romantic writer and of his own, Carlos writes: "I am like Goethe. / But I also perform Marina's portfolio." It is not precisely that the Mexican actress Marina Paz economically subsidized the poet. "Portfolio" ("Cartera" in Spanish) refers to a portrayal of comedic characters represented in theatrical scene. It is inferred that Santibáñez recognizes himself as part of a comic performance and is able to infuse creative humor into his poetry. Knightly in the human sense of the word, he allows Marina to breathe in his work.

Carlos reproduces himself and dies, just to be born and grow again in a continuous play, painting frescoes "for joy". He gets excited, although sometimes "I think the sun goes out of my hands [...] Round ten o'clock at night / I feel it and I get anxious. / There will be a hole in my place." The poet elaborated his own theory on the "black holes" in our space-time on earth, and put together an immense conjecture, a valid figuration for him—for according to our writer, at any moment such a hollow could swallow a human being; therefore, these verses subscribe the fatalism in the mess that shelters the lyrical misguidances of the poet.

Surely because of that, all in "The shining internee" starts with the humor of the one who contemplates and plays in the theater of life, immersed in his task: "I reproduce, I die, I am born, I grow up". And in a precise order: "I paint. I do the fresco technique."

The first poetic indications that precede the writing of the posthumous work of Santibáñez: *The Fresco Technique / La técnica del fresco*, come from a collection of his published in the year 2000, setting up the possibility that the creative gathering made in memoriam will not end with "Thief of autographs," yet it marks a final point. Since we have clues of two unpublished works; on the first there are discrepancies about the title, a mandatory reason that makes it impossible to certify its completeness. The second is glimpsed in the poem "Astro Boy's Report," where the poet and essayist of Mexican literature points to the verse "Nobody has yet reached *Metro City.*" And it remains to be read about that cloistered city, in which tourists and residents travel daily on rails, arriving at stations with logos that determine the destination of the passengers in cosmopolitan Mexico City, transfigured in history, in an underground city that for Carlos Santibáñez Andonegui "...is light that opens the account of life."

We hope that from his own "shining-internee," the diligent reader will follow Carlos in the utopia where he poses his poetic spirit in the delirious contemplation of a flight that then returns to youth: "And the internees are fleeing / in health / to the 'Peripheral Way of Youth.'" The poet possesses wisdom, and in that verse he is a "shining internee" and wants to return to recover his body in full eroticism. In the following Faustian dialogue of the already quoted *Prelude in the Theatre* the response of The Clown to the Dramatic Poet manifests itself and we hear him saying: "Give me back my youth. [...] the power of love." The lesson of The Clown is not long in coming: "[...] for good friend, good will miss youth when you [...] contemplate charming young women who could hang with vigor from your neck, but: here are old gentlemen, your homework and not for that, we respect you less. Old age does not make us children, as they say, but it still finds us like real children." From these ideas come all the understanding of Santibáñez in "Fresco technique" and with them he directs his invention of various lights throughout his work.

Undoubtedly, Santibáñez Andonegui raises his originality as a "shining internee" in the record of an intrauterine birth of *sui generis* range indicated by a typographical error on the date of the colophon of the anthology *Diecinueve bajo cero* [6]: "The printing of this work was completed on October 2, 1919..." The poet permuted the mistake by the spelled clairvoyance of his inherited genesis, programming what he would call his "shining internee," and from there he brought the distance of the date to our today, to say to us: "What you do not know, my creatures, is that I, from those times, already thought about being born."

It deserves credibility from our part the "guest of love" that conjectured all of his life, from April 1st, 1954 to February 12, 2018, in the particular cosmic vocation of a single day light-hour rising in his collection of poems *Con luz en persona* [7] (in the simple edition of Mixcóatl, year 2000). From this collection, in the verses of the poem "On the visit days," emerge the iconographies of passers-by who come to sit in the chair of honor to be seen in their illuminated days in this universe: "There is rail quality, a rowing cunning in the guests. / ¿Ding Dong? Rings the soul / and one is a better one in the color / of other eyes, / there is a teacher in each visit" (the "teacher" is the fresco technique and the poet returns to the Middle Ages for it), "flowers for the internee / singing class / illuminated." These last three verses will configure a second reading of the poem "Fresco technique" in "I am a schoolboy and I paint with joy. / Only the area that I can cover in one day..."

Both the idea of the "shining internee" and that of the "fresco" populate all the sections of *The Fresco Technique / La técnica del fresco*. Carlos was already signing his eternity using the playful set of colloquial expressions with creative humor to reach to the high infinite of his metaphors; a style that he developed to fullness and which will continue as a watchtower over the coastlines of his immense poetic sea, in which the verb tenses are interspersed to set, however, a content that is ambiguity-proof.

It serves as an example when the poet affirms "Fresh must be taken, fresh must be left," saying that human beings are designed with the fresco technique. However, "Those who are born sign a promissory note to every mother" and in a previous verse we read: "In my bank they charge me in pure blood." *The Urgencies of a God* [8], by the Mexican poet Enriqueta Ochoa, would be required to mitigate the fatality, and it is not because of lack of humor of

Santibáñez verse: "Does he have to add bacon to his tragedy?", but in order to weave alliances, because reading between lines it is understood that you have to put a nicely flavored dressing in life to disguise the misfortune. Recognizing Carlos as an author of innovative style and far from conventionalism, and who belongs to the generation of Mexican poets born in the second half of the twentieth century, it must be noted, however, that if the disciple or reader does not foresee the poetic flight of Santibáñez, that could reach disproportionate heights and the listeners could remain at ground level.

When reading the poems of Carlos Santibáñez, it is pertinent to leave our senses to the pleasure of his metaphors, make them ours, live with them in the light of that understanding. Let's return to the first six verses of the poem "Fresco technique": before thinking that these initial verses have somber tints because they close the life cycle with a mass of present body, we must take into account that death is to be reborn. In that span the masters must pulsate and from them and from the frescoes will arise the creation of art: "The school is now what suits me. / A fine layer of things one has to know." And once in the respite of life, under the shelter of the academic spaces of the "... higher / education / division. [...] All of them ready to enter / eternity / already dressed in a suit and tie" we will go in a speeding flight of beauty, staring at the going and coming of a past, toward our contemporaneity where the Lord of theological times in poetry "...hour by hour / God improves," reigns in his everlasting present. Undoubtedly, Santibáñez resides in the entelechy of art.

"I'm born tomorrow" (Will I be born as soon as dawn?), poetically speaking, is the voice of a prenatal memory that predicts its advent in congruence with the existential reality. Once given birth in the poem "Fresco technique" with the verse "I feel like I'm born at dawn," Santibáñez extends himself in *The Fresco Technique / La técnica del fresco*: "I'm in a hurry, / a statue awaits me / at the illustrious men's / roundabout. I'm only stopped by: / the robbery in the uninhabited, / the atomic war / and AIDS!" Then interposes a poetic resource: "Possibly by Wednesday / I'll be born," necessary to structure the context: "They ask me why / I chose / México. / I'm not in the mood for interviews. / Did not a poet say it? / That the Christ was asked for everything / by the rich, and he gave them everything / except México. / He says: 'I do not give it to you, / because it's my mother's / country.'"

The poet points out the double moral and racism of the Mexicans who love the dark-skinned Virgin to whom, nevertheless, "they prefer blonde". Perhaps that is why, in the verses preceding that not-so-veiled protest of his, he affirms his identity: "I'm going to the navel or the maguey / flower"; that is, to the center of my essence, and in the throbbing of Nahuatl voices, I will pronounce the word México, navel of the moon, the exact place to formulate a philosophical thesis about the Mexicanness, translated into *Almost Paradise* [9], which then sends us back to the novel by Luis Spota, venturing the self-humiliating predilection to permute the Mexican for the foreign.

Despite this, the individual chooses the place of "the brown-skinned Virgin" or Guadalupana, to be defined according to Santibáñez as "One more that is born / tomorrow, / one more that is counted in the abyss / of the number". This versification reminds us that we are all included in the censuses organized by a government that regulates the life and death of its citizens. The poet warns us that he "...will fit between two certificates": the one of his birth, with traces of the arrival of the "fresh" in order to integrate himself into society, and in the end the one of his demise which "...does not snub / reality."

Let's talk now about the poetic revelation of Carlos Santibáñez inside the controlled space of life (Does Carlos propose life as a Foucaultian heterotopia?), because although at the mercy of the corruption of men and power relations, he is "... anointed in oil by a God" who disposes him to the discipline of that "new species," he keeps himself inside the light of the stars that makes him being the shining internee that can be guided, led back to that brightness, to see if by chance he is forgiven of the moral burden of duty, of the guilt for being subject to a life defined as a Foucaultian disciplinary structure. Here, life is checked as a space of control, of regulation: an heterotopia.

Carlos defines himself in his biography, repeats himself in the poetry and returns to his poetic infinite: "I am like the fresh itself / because I still play pick-up-sticks." We can enjoy him, the "fresh" himself, covered with all the voices of the corporeal reverie from an uninhibited vision in the skin of loving circumstances, or in whole body from the metaphors of the verses of his poem "Come to my studio," included in *Con luz en persona*:

"Be like the sea that haunts half of my life, / lost innocence. / Let me fall / like the underwear before sex," where our author goes through everything that can be shown by "the honeys of sex" in that warmth of his style, bringing the impress of freedom to his legitimate self.

In the same vein, in the poem "Change of plans" of *The Fresco Technique / La técnica del fresco*, the poet declares: "But not with you, / it is with another person / that I'm entering / to a hotel room. / No, nobody knows who is going to pay…" The poet throws an expression of everyday saying, which is installed into the minor art verses of the Tenth Muse's sonnets: *if the one who sins for the payment / or the one who pays to sin.* "This time (Santibáñez notes), not even Sor Juana can save me." And declares without a drop of strength, something that would be unconceivable for a "fresh": "Cause my partner […] has given me, it is true, something of a bed. / And today unfortunately he is going to charge me everything, / even the most insolent art of loving, if in spite / of the oil and caresses and Viagra / …I don't get an erection..!"

Carlos's eroticism is blessed with the joy of "lost innocence" and the undressed joys of a brazen "fresh." Is it because everything that is tangential in the habitat of things, objects and forms, was touched by the poet from the center of his musical *Night on Bald Mountain*? And celebrated by the "shining internee" emerged from a God of a true and amazing light, the poet still has enough faith to touch the soul of "…your Historic downtown" and "In the night of us all, / watch you in a deep dish." The poet, a passionate reader of the Bible, refers with the empowerment of words to the Holy Grail, in which Jesus of Nazareth, on being crucified, left his blood to redeem sinners.

Before the urgencies of our soul of readers, of seekers of innovative and erudite voices, we ask ourselves: Does Carlos, the enlightened poet, have to continue in his creative infinity? When we read him we have the recourse of eternity and we call his soul from ours in the spiritual convocation of his words, paraphrased in "the infinities we touched…" taken to a poetic state from his "Marine Human": a geography of avenues and houses full of heartbeats, names of characters and names of us all, all of them with dust of human bones.

We have walked through the poetry of Carlos Santibáñez Andonegui, who left us the grief of his "metallic blue" at first dawn of a Monday in February 12, 2018. But we also live with the consoling light of his work.

MARÍA ÁNGELES JUÁREZ TÉLLEZ

México City, May 2019

Prólogo*

Carlos Santibáñez, poeta de libertad abierta

DESDE *Glorias del Eje Central* [1], Carlos Santibáñez ha hecho de su lírica una poética urbana. Una ideología fragmentaria representada por los ciclos simbólicos de la ciudad nombrados y ubicados, haciendo un todo geográfico que demarca nuestra entidad capital.

Diseñó el poeta una ruta trazada a punta de versos conspicuos para toda memoria que mantiene la imagen del México del Siglo XX, un mundo donde aún prevalecían la concordancia ciudadana y la poesía, y el verso tendía a sostenerse por sus rimas.

El telón con el que Santibáñez circunda su ciudad abarca los lugares claves de un hombre que fue el autor de 30 años, no es mucho pero sí lo suficiente para contener una atmósfera familiar de un joven con mirada de águila.

Temporalmente Santibáñez con este su nuevo libro no es una confesión embellecida. En *La técnica del fresco*, regresa a su infancia para "ir por los platos rotos de la infancia" dice. Se trata de "ganar la noción del tiempo" como él lo asienta en "Nazco mañana mismo": "¡Nacer! ¡Lo que se llama nacer!", aclara el poeta.

Pero este fresco que tematiza Santibáñez abarca doble concepto: el que se refiere a "aquél que actúa con frescura y descaro" (según el Diccionario Larousse) o a la pintura mural de suavidad de tonos que le da voz al muro como la confesión que recibe el de las lamentaciones.

El hecho de que a la poesía de Carlos Santibáñez la mueva en *La técnica del fresco* la voluntad del recuerdo con la imaginación concentrada, lo es en un aspecto en que las figuras de su juventud las plasma su idioma personal. Sus trabajos sobre la ciudad, sus dibujos, tienen que ver con el lenguaje social de los años: "Hacer la vida de cuadros", "No pierdas el compás", "A ver a qué horas".

---

* El poeta mexicano Raúl Renán (1928-2017) escribió el Prólogo que acompañaba el archivo original de este libro. La Introducción y las Notas preliminares que le siguen fueron escritas especialmente para esta edición póstuma.

La experiencia del poema acomoda el lenguaje al modo del poeta de libertad abierta, convertida en estilo. Hay en ello un tinte mexicano que se identifica con el lector. Sin embargo, aparta al poeta de los demás de su generación que buscaron adaptarse a los modos en boga.

El tratamiento de buen humor del poeta desplaza una fuerza social poco común en estos tiempos salvo algunos vanguardistas como Ricardo Castillo y José Eugenio Sánchez. Puedo considerar una innovación este trabajo dado el espíritu que lo anima. Carlos juega con sus propios poemas como objetos de lenguaje vivo accesible en los que el lector se apropia de los versos y habla de ellos anticipándose, aludiendo sin saberlo a la materia sonora de la poesía siempre efectiva a la hora de la lectura pública.

La ruta de Carlos Santibáñez iniciada desde *Glorias del Eje Central* impulsa un recorrido que repinta la traza caótica de México Ciudad y con ella en su magnífico fresco recoge toda su memoria imponente de sus años escolares y los de adopción de su primaria camaradería. En esta andanza Santibáñez reafirma su lenguaje como un componente de planos donde el conocimiento académico sufre un formato especulativo con la fuerza aplicada de las palabras del continuo decir de la comunicación.

El académico Carlos Santibáñez, —quien es también crítico de poesía y profesor de Literatura— siempre está detrás del hombre ambulante citadino y ésta es la eficacia de su resultado lírico que no tiene comparación con otros por mucho que aquellos busquen refuerzo idiomático entre la trama de lo ya escrito. Carlos hace la continuación de la lengua en un orden poético que la simpatía del lector contesta con una sonrisa gratificante.

RAÚL RENÁN

Introducción

Carlos Santibáñez, poesía tamaño filiación

Éramos madrugadores para llegar al grupo primero "D" en la Secundaria No. 4 "Moisés Sáenz" en la ciudad de México.

Nos sorprendió el salón de clase con vista al patio central y al frontón. Los profesores estaban en su papel. Uno por materia. Uno por cada parcela del conocimiento. Carlitos Santibáñez Andonegui (CSA) destacó desde el principio por su dedo índice que levantaba, afilado, para responder las preguntas de los docentes. Su dedo era una flama que impresionaba al común denominador de los noveles estudiantes.

Cursamos los tres años de la secundaria con el sabor de un país que pasó de la paz López Mateísta a la vorágine de Díaz Ordaz. En 1968, las noticias de las movilizaciones llegaban a ese patio de San Cosme donde jugábamos a rodar monedas.

Llegó el estruendo real, no el imaginado por los poetas estridentistas como Arqueles Vela, quien era nuestro vecino en la Escuela Normal Anexa.

Nos incorporamos al espíritu olímpico de 1968 con una tabla gimnástica en pleno zócalo. Ahí, Carlos y yo, vestidos de blanco, empezamos a poetizar la ciudad de los palacios virreinales soterrados.

Al finalizar la secundaria, cada quien tomó su camino. CSA a la preparatoria de San Ildefonso. Yo, a un CCH recién creado. Nos volveríamos a encontrar en la Facultad de Filosofía y Letras de la UNAM, donde CSA estudiaba letras hispánicas y yo filosofía. Nos volvió a unir el sentido del mundo y las ganas de expresar el ser a la mano, sin pretensiones difusas.

En 1975 organizamos una serie de lecturas de jóvenes poetas en la biblioteca "Vicente Lombardo Toledano", denominadas "Poesía al rojo vivo".

Ahí, por mediación de la maestra Margarita Peña, (hoy recién fallecida), conocimos a Rodolfo Usigli. El poeta de *Contemporáneos*, con su abrigo de la segunda guerra mundial, nos saludó y nos deseó éxito. Su figura, un tanto o un mucho protocolaria por su trabajo diplomático, nos marcó.

No era la eminencia gris. Usigli era el creador de una conciencia sobre los mitos de nuestra política desde su nacimiento posrevolucionario. Era el creador de personajes que criticaban la delgada línea que une la mundanidad, el servicio público con la tenebra, esa arrogancia del poder con domicilio conocido.

No por azar, en la poesía de CSA siempre hay alusiones a esta suerte de ámbitos de consorte que define la esfera de la oficialidad con su carga de pesadez, vanidad y parafernalia. La *politesse* se aclimata, en el caso mexicano, con esa zalamería de formas que determinan el amaneramiento burocrático, con su cauda de ademanes vacuos y lugares comunes en el habla.

El poeta CSA realizará un uso paródico de este ámbito para entregarnos poemas memorables que abren un uso festivo al manierismo de nuestros *socialités*.

En la FFyL hicimos nuevos amigos y publicamos la revista *Zona* con Héctor Carreto, Carlos Oliva Lozano, Fernando Santiago y Sergio Gamero. Nuestra amistad se mantendría, con ires y venires, siempre de la mano de la noticia literaria mundial y nacional.

En el libro *La técnica del fresco* hay en la sección "Libro de reportes", una suerte de autobiografía poetizada. Son versos breves que, como en contrapunto, cumplen con la gama de funciones del lenguaje a la Roman Jakobson.

La cauda de nombres propios a veces es exuberante, pero nunca se pierde la expectativa del verso y la fluidez de una historia. Me recuerda los romances de España y América en los que predomina la anécdota rebosante de digresiones, voces y variantes.

No por azar la tesis de grado de CSA en la licenciatura en letras hispánicas fue sobre la figura de Fernán González en la literatura.

Hay en los poemas de Santibáñez una urgencia para alejarse del lugar común nombrándolo, para salvarse de la grandilocuencia a través de una parodia declamatoria que desmitifica valores sociales o cívicos.

En el tema del amor, por ejemplo, destaca una cortesía del lenguaje que no cae en los vicios marcados por la cursilería, la ampulosidad o el efectismo.

Un *sermo humilis* curtido en la equidistancia entre el autor y el lector parece sostener esta poesía donde el poeta no impone gustos o dicta cátedra, sino descubre el mundo de los otros, de todos, auspiciado por un *ethos* donde cada quien cumple una función reveladora.

Es una poesía que celebra la metáfora. CSA abrevaba en los terrenos planteados por Bachelard donde las imágenes no eran pantallas festivas, sino corporeidades, razón de ser del sentido del mundo. Estas imágenes, a menudo CSA las encontraba –con un agudo sentido del gusto, la prosodia y del oído– en los giros de discurso, en las locuciones de todos los días, en cierto *argot* de públicos, cofradías o guetos.

Su premisa estética fue oír entre líneas, almacenar el *sotto voce*, inventariar el contenido manifiesto (diría Freud), prolongar las virtudes de la "frase hecha" sin quedarse, inerme, ante la unanimidad del sentido del lenguaje.

Luis Mario Schneider advirtió en la poesía de CSA una voz propia que se alejaba de la perspectiva estridentista con su tecno-poiesis, y de la frialdad de los Contemporáneos que, según Octavio Paz, ponderaron una "estética de lo mental".

Desde nuestro punto de vista, en la poesía de CSA asistimos a un ejercicio de una carnalidad con ideas. Se trata de una fenomenología, no del relajo, sino del agasajo totalizante en un país que parece que se cae a pedazos, pero que se reconstruye desde la intimidad festiva del poeta lírico.

Son poemas donde el factor común es el *tempo* de la minucia y la epifanía de lo cotidiano. CSA no probó experimentaciones vacuas. Sus poemas retoman el desarrollo silogístico de las ideas sin caer en lo esotérico.

Hay aquí un lirismo que asume CSA como "fiestema" perenne, (*Fiestemas* ² será el título de uno de sus libros) como nudo ontológico que agrupa los grandes temas: el amor, la muerte, el sueño; la existencia como un proyecto inacabado que da cuenta de sus valores curriculares siempre en construcción, a contracorriente de las verdades oficiales.

En *La técnica del fresco*, CSA construye una intertextualidad que se apoya en la historia personal, pero que acude al argot informático, a la opinión de plática pública, a la cita ilustrativa, al aire de proverbio del libro de horas sacerdotal, al ensalmo y al improperio. ¿El resultado? Una mezcla dichosa de romancero posmoderno con aires de poesía *beat*. Repeticiones que refuerzan el ensalmo, rimas que acentúan la aparente "facilidad" nemotécnica del poeta, versos en donde, a veces, con tono imperativo se saldan cuentas con saberes preconcebidos.

Hay todo un registro de tonos que extrae el poeta CSA de los rostros y situaciones que afloran en sus versos. En el fondo, hay un único personaje que aclara el recuento de hechos: el poeta CSA con una investidura de lirismo avasallante.

Son versos cortos que acentúan convicciones, visiones, versiones de una *weltanschauung*, (cosmovisión del mundo) como diría CSA, que inducen a cierto aire de certeza o premonición asertiva, por ejemplo en el caso de la dialéctica entre la vida y la muerte en la primera parte del libro.

Sus versos, desde sus primeros libros, enfatizaban la imagen y el compromiso discursivo que imponía la anécdota. No se trata de un vacuo devenir silogístico, o de un esquema condescendiente. Son poemas pensados desde el canto y desde la contundencia del diálogo con todas sus variantes locucionales.

De ahí que ciertos poemas de CSA nos recuerden el tono empleado en poemas de Marco Antonio Montes de Oca, sobre todo en sus últimos libros.

Hay aquí un elemento privilegiado: el otro, el prójimo en versión cristiana. En la poesía de CSA siempre reluce la necesidad de invocar al otro. Es un vocativo que asume diversas formas de concretización, desde la evocación rauda, hasta la insistencia conativa con nombre y apellido. Por eso resulta familiar la aparición de personas, nombres propios que rebasan el ámbito de la vacua filiación para convertirse en entidades paradigmáticas de la visión existencial del poeta.

No se trata de exponer sin sentido un rosario de nombres, sino de partir de lo nominal para la integración y autonomía de ese mundo propio de relaciones sociales, de grupo o matrix, de nueva "cortesía" en el sentido Dantesco, que le debe, no poco, a la magia simpatética que plantea George Frazer en *La Rama Dorada*.

En la segunda parte de *La técnica del fresco* asistimos a la versión del paraíso recobrado: el recuerdo de la secundaria 4, con su anamnesis de lo cotidiano y la promesa de felicidad que aporta la primera juventud en su tentativa apolínea.

Son versos cortos que abren juegos de palabras, equidistancias en el *ethos* primigenio de los adolescentes consumados en el algoritmo de cierto caos, en donde el que impone algún orden es el "libro de reportes" como instancia del joven Carlos que prueba a ser poeta y le va bien como jefe del grupo del primero al tercero "D"; *tour de force* o ascesis para develar, mediante el juego, la holgura de la poesía cuyo fin más inmediato es hacer un centro ontológico, ritual, lúdico, sagrado, donde nos reconocemos siempre.

El valor de la irrupción, de la digresión, de la idea revelada en medio de un bosque de unanimidades, destaca en esta poesía. Al respecto, Carlos Santibáñez siempre ponía como ejemplo los versos: "Que no baile el Papa" de García Lorca, o "Agua tibia a las diez" de T.S. Eliot (*La Tierra Baldía*).

Su vena expresiva re-semantizaba las expresiones para incorporarlas al poema. Pero no se trata solamente de un acomodo mecánico o aleatorio. Nada más alejado de la minuciosidad con la que CSA disponía el lenguaje como corpus final del poema. A menudo citaba a Valéry y a Rubén Darío en una suerte de reconocimiento a una crítica literaria que funcionaba con base en figuras de pensamiento más que con fórmulas semiológicas.

Este apego a la contundencia de la imagen poética marcó su trabajo literario. Juntos pasamos por el seminario de filosofía y poesía de Ramón Xirau donde analizamos las *Soledades* de Góngora.

El "gongorismo" analizado por Dámaso Alonso con acuciosidad, nos sirvió para aquilatar la función de la imagen poética enraizada en la cadencia de la lengua, a pesar del hipérbaton.

Por fortuna para sus lectores, las imágenes poéticas de CSA nunca se acartonaron, nunca fueron fórmulas retóricas, sino se convirtieron en revelaciones unidas a la blanda ironía, a la sátira, al desparpajo y la celebración irrenunciable de la vida.

CSA siempre apreció el libro *Azul* de Rubén Darío; texto donde los géneros literarios se funden, se entrelazan para fundar un ansia de totalidad estética que también podemos ver en su obra.

Antes de que nos abandonara físicamente, le comenté a CSA sobre el sentido de algunos poemas en los que utilizaba octosílabos o décimas, y donde la rima era dominante. Su respuesta fue enfática: "es mi lengua, es mi tradición".

Comprendí. No se trataba de optar por una economía de medios, por rasurar al poema. Era una cuestión de estética personal y deuda con la densidad del lenguaje sin protocolos, sin falsas potestades.

Volver a lo "simple", a la densidad expresiva, definió parte de su divisa existencial. Concibió la poesía como el supremo medio para invocar realidades nombrándolas; como Jorge Guillén cuya poesía apreciaba; pero también como Javier Solís al cantar los versos de "Las rejas no matan", canción que le gustaba mucho a CSA, la cual solía entonar convocando a seguirlo.

Como pocos, CSA supo descifrar la lección contenida en *Muerte sin Fin* de José Gorostiza: hablar de tú a tú con las supremas realidades, con emoción no contenida, sin espantarse.

La memoria poética de CSA era prodigiosa. Recitaba con fruición "Muerte sin Fin" o el "Poema de los Dones" de Borges. Su oído, absoluto para el verso, se anticipaba para encontrar un sentido estético aún antes de consultar al sentido común o a la exégesis erudita.

Tu oído, Carlitos, tu mirada que descubría desde lejos el ulular de las metáforas, siempre guiarán nuestros pasos en la tierra.

VIRGILIO TORRES HERNÁNDEZ
Oaxaca, Oax. Noviembre de 2018

Notas preliminares

El poema "Técnica del fresco".
Y toda la luz, las voces, la ensoñación corpórea
de la creación en
The Fresco Technique / La técnica del fresco
de Carlos Santibáñez Andonegui.

TÉCNICA DEL FRESCO

Sobre los huesos del muerto
se celebra la misa
y ahí comienza todo
lo que sé de este mundo bañado en sangre.

Fresco se ha de tomar, fresco se ha de dejar;
¿Ha de añadir tocino a su tragedia?
Vaya por el retorno a la edad media
y en su pared revuelva agua de cal.

Me reproduzco, muero, nazco y crezco.
Pinto. Hago la técnica del fresco.

Siento que nazco ya por la mañana
y ando buscando un padre o tutor.
Que me cambie le pido, a mi Señor,
y le doy mi conciencia por un ratito.
Mi conciencia: dos chapas y un segurito.

En mi banco se cobran a pura sangre.
Todo el que nace firma un pagaré a toda madre.

El colegio es ahora lo que me viene bien.
Fina capa de cosas que hay que saber.

Soy colegial y pinto por alegría.
Sólo el área que alcance a cubrir un día...

Porque al secarse todo endurece.
De repente uno crece.
Goethe me dijo anoche en la cama:
¡Mete las manos en la vida humana!

¡Llevan corriente!

Verse las manos, dice un personaje
de la cinta *Persona*
trae mala suerte.
Egipcios, godos, griegos y romanos
usaron huevo, goma arábiga y cera
para arrancar lo fresco
de lo inerte.

Meto las manos en la vida humana.
He arrancado lo fresco de lo inerte.
Soy como Goethe.

Pero también ejerzo la cartera de Marina,
soy senador Vitalicio del Reino,
soy como el fresco propiamente dicho

porque sigo jugando a los palitos.

Pienso que el sol se va de mis manos.
Desde motocicleta de alto cilindraje
se realizan disparos.

Al filo de las diez de la noche
lo presiento y me altero.
En mi lugar habrá un agujero.

Seguramente fue otro interno brillante.
¡Oh, Dios del Fuego!
Tú le dijiste: ¡Ve a calentar!

En el colegio pronto se enseñará:
a la muerte de Carlos el Temerario,
el Condado pasó a su hija María.

Me reproduzco, muero, nazco, crezco.
Pinto. Hago la técnica del fresco.

Y los internos van huyendo
en salud
al "Periférico de la Juventud".

Hemos saciado nuestro espíritu con las voces idílicas del poema "Técnica del fresco", del poeta mexicano Carlos Santibáñez Andonegui.

Por alguna voluntad divina al poeta se le conceden "gracias", pues estamos seguros que Santibáñez diseñó su éxtasis final en los cuatro primeros versos del poema "Técnica del fresco" transcritos al comienzo de estas notas preliminares: "Sobre los huesos del muerto / se celebra la misa / y ahí comienza todo / lo que sé de este mundo bañado en sangre"; escena de regente luminosidad que se desprende hasta el final del citado texto (no incluido en el archivo original de este libro), y en él, se anticipan casi todas las voces creativas que poetizan en su totalidad al *corpus* legible póstumo de *The Fresco Technique / La técnica del fresco*.

Un prólogo de la firma de Raúl Renán, poeta y maestro de muchas generaciones, esplende *per se* a primas fojas en esta edición bilingüe publicada bajo la dirección del poeta y traductor Roberto Mendoza Ayala.

Desde los ayeres que guardaron los trabajos poéticos de Renán, en el aserto de voces latinas que nombran a Carlos Santibáñez "Homobono" en las *Catulinarias y Sáficas* [3], aún sentimos su latir en el poema XXIV: "Débil de carácter te sentencian / Homobono, / como si no exigiera de carácter grandeza / habitar este reino, / en donde como tú, tus mismas rosas / se pudren de horror".

La poesía de Santibáñez parte de frases comunes que tocan varios niveles semánticos hasta alcanzar la espiritualidad de la palabra, donde las imágenes refulgen en soplo poético y en permanencia metafórica. "Técnica del fresco" es el ADN del poeta: "Soy como el fresco propiamente dicho", concepción manifiesta en él, de principio a fin en su paso terrenal.

"Técnica del fresco" asoma una relación intertextual con el *Fausto* [4] de Wolfgang von Goethe, detallando el concepto alquímico de la transmutación de la materia en energía: tomar la vida de la muerte, de los "huesos del muerto", "para arrancar lo fresco de lo inerte", en un reiterativo ciclo Goethiano, donde no cabe la duda a la hora de obrar.

En sus discernimientos, Santibáñez siguió la ruta estelar de las aguas mansas de su memoria y alistó el viaje al *Preludio en el Teatro* [5] a *Fausto* (disertación de El Director, El Poeta Dramático y El Gracioso), sustanciando su literatura en el total entendimiento del antedicho interludio, y en un acto de fe, la transfirió al tema de la técnica del fresco, en clara versificación de su estilo cíclico, y porque cíclica es la vida en la diaria observación de los aconteceres.

Entre Goethe y Carlos Santibáñez Andonegui se da una asombrosa compenetración lírica que tiende la traza literaria de nuestro escritor, al escuchar la voz de El Gracioso hacer suya la vida con todas sus virtudes, dramas y vericuetos; en suma, riesgos "...dondequiera que la cojáis". Este argumento es admitido por Carlos y a partir de allí lo fortalece, lo lleva a la luz vasta de un verso imperante en latidos vertebrales que precisa: *¡Meted la mano en plena vida humana!* o *Greift nur hinein ins volle Menschenleben!* La filosofía del discurso concede —anota Goethe— que el poder del hombre sea revelado al poeta...

Seguro del perfecto manejo del lenguaje del escritor romántico alemán y del suyo propio, Carlos escribe: "Soy como Goethe. / Pero también ejerzo la cartera de Marina". No es que la actriz mexicana Marina Paz subvencionara económicamente al poeta, pues "cartera" alude a un portapliegos de personajes comediantes representados en escena teatral. Se infiere que Santibáñez reconoce ser parte de una actuación cómica y le es dable insuflar el humorismo creativo en su poesía. Caballeroso en el sentido humano de la palabra, permite a Marina respirar en su obra.

Carlos se reproduce y muere, para de ahí nacer y crecer en un juego continuo, pintando al fresco "por alegría". Se entusiasma, aunque a veces "Pienso que el sol se va de mis manos [...] Al filo de las diez de la noche / lo presiento y me altero. / En mi lugar habrá un agujero". El poeta fundamentó su propia teoría en cuanto a los "agujeros negros" de nuestro espacio-tiempo en la tierra, y armó una conjetura inmensa, válida figuración para sí mismo, pues según el escritor, en cualquier momento esa oquedad podía tragarse a un ser humano, de allí, el verso que suscribe el fatalismo en el desbarajuste que tutelan sus extravíos líricos.

Seguramente todo parte de "El interno brillante" con el humor del que contempla y juega al teatro de la vida, inmerso en su tarea de "Me reproduzco, muero, nazco, crezco" y en el orden preciso: "Pinto. Hago la técnica del fresco".

En la advertencia de que los primeros indicios poéticos que anteceden a la facturación de la obra póstuma de Santibáñez: *The Fresco Technique / La técnica del fresco*, datan en su acervo publicado en el año 2000 y dejan abierta la posibilidad de que la reunión creativa *in memoriam*, no concluirá con "Ladrón de autógrafos", que señala un punto final. Ya que tenemos noticias de dos inéditos más; en el primero hay discrepancias acerca del título, razón obligada que imposibilita certificar su completitud. El segundo se entrevé en el poema "Reporte de Astro Boy", donde el ensayista de literatura mexicana y poeta señala el verso "Nadie ha llegado aún a *Ciudad Metro*". Y queda pendiente leer de esa enclaustrada ciudad en la que turistas y residentes van a diario sobre rieles, arribando a estaciones con logotipos que determinan el destino de los pasajeros en la cosmopolita Ciudad de México, transfigurada en la historia de una urbe subterránea que para Carlos Santibáñez Andonegui "Es Luz, que abre la cuenta de la vida".

Esperamos que desde su propio "interno-brillante", el lector acucioso siga a Carlos en la utopía donde posa su espíritu poético en la contemplación delirante de una huída que luego retorna a la juventud: "Y los internos van huyendo / en salud / al 'Periférico de la Juventud'". El poeta posee la sabiduría, y en ese verso él es un "interno brillante" y quiere regresar para recuperar el cuerpo a pleno erotismo. En el siguiente diálogo fáustico del ya acotado *Preludio en el Teatro* se manifiesta la respuesta de El Gracioso al Poeta Dramático y le escuchamos decir: "devuélveme la juventud [...] la potencia del amor". La lección del Gracioso no se hace esperar: "[...] por de contado amigo, buena falta te hará la juventud [...] cuando contempléis jóvenes encantadoras que se pudiesen colgar con vigor de tu cuello, pero: he aquí viejos señores, vuestra tarea y no por eso, os respetamos menos. La vejez no nos vuelve infantiles, como dicen, sino que nos encuentra todavía cual verdaderos niños." De éstas ideas surge todo el entendimiento de Santibáñez en "Técnica del fresco" y con ellas dirige su invención de varia luz a lo largo de su obra.

Sin duda, Santibáñez Andonegui levanta su originalidad de "interno brillante" en el registro de un nacimiento intrauterino de alcances *sui generis* señalado por un error tipográfico en la fecha del colofón de la antología *Diecinueve bajo cero* [6]*:* "Se terminó la impresión de esta obra el día 2 de octubre de 1919...". El poeta permutó el desacierto por la deletreada clarividencia de su heredado génesis, programando lo que él llamaría su "interno brillante", y desde allí acercó la lejanía de la fecha a nuestro hoy, para decirnos: "Lo que ustedes no saben, criaturas mías, es que yo, desde esas datas, ya pensaba en nacer".

Merece de nosotros la credibilidad del "invitado de amor" en la que conjeturó toda su vida, del 1o. de abril de 1954 al 12 de febrero de 2018, en la determinada vocación cósmica de un solo día hora-luz naciente en su poemario *Con luz en persona* [7] (en la sencilla edición de Mixcóatl del año 2000). De éste, en los versos del poema "Por los días de visita", emergen las iconografías de los viandantes que llegan a sentarse en la silla de honor para ser vistos en lo iluminado de sus días en este universo: "Hay calidad de riel, astucia de remo en las visitas. / ¿Tan tan? Tocan el alma / y uno es uno mejor en el color / de otros ojos, / una maestra hay en cada visita" (La maestra es la técnica de pintar al fresco y el poeta regresa a la Edad Media por ella), "flores para el interno / clase de canto / iluminado". Estos tres últimos versos van a configurar una segunda lectura en el poema "Técnica del fresco" en "Soy colegial y pinto por alegría. / Sólo el área que alcance a cubrir un día...".

Tanto la idea del "interno brillante" como la del "fresco" alcanzan a poblar todos los apartados de *The Fresco Technique / La técnica del fresco*. Carlos ya venía firmando su eternidad utilizando el juego lúdico de expresiones coloquiales con humorismo creativo, hasta llegar al alto infinito de sus metáforas; estilo que desarrolla con plenitud y seguirá como un vigía sin perder de vista los litorales de su inmenso mar poético, en el que se entreveran los tiempos verbales para fijar, sin embargo, un contenido a prueba de ambigüedades.

Sirva de ejemplo a lo anterior cuando el poeta afirma "Fresco se ha de tomar, fresco se ha de dejar," refiriéndose a que todo ser humano está diseñado con la técnica del fresco. Sin embargo, "Todo el que nace firma un pagaré a toda madre" y en un verso precedente leemos: "En mi banco se cobran a pura sangre". *Las urgencias de un dios* [8], de la poeta Enriqueta Ochoa, serían requeridas para atenuar la fatalidad y no porque le falte fuerza o humorismo al verso de Santibáñez "¿Ha de añadir tocino a su tragedia?", sino para tejer alianzas, pues entre líneas se entiende que a la vida hay que ponerle un aderezo de sabor agradable para disimular lo aciago. Reconociendo en Carlos a un autor de estilo innovador y fuera de convencionalismos perteneciente a la generación de poetas mexicanos nacidos en la segunda mitad del siglo XX, hay que advertir sin embargo, que si el discípulo o el lector no prevén el vuelo poético de Santibáñez, éste alcanza desmesuradas alturas y los escuchas quedarán a ras de tierra.

Al leer los poemas de Carlos Santibáñez, es pertinente dejar nuestros sentidos al placer de sus metáforas, hacerlas nuestras, vivir con ellas en la luz de ese entendimiento. Regresemos a los primeros seis versos del poema "Técnica del fresco": antes de pensar que estos versos iniciales tienen tintes sombríos por cerrar el tiempo de la vida con una misa de cuerpo presente, tomemos en cuenta que la muerte es para renacer. En ese ínter deben latir los maestros y de ellos y de los frescos surgirá la creación del arte: "El colegio es ahora lo que me viene bien. / Fina capa de cosas que hay que saber". Y ya una vez en el respiro de la vida, bajo el cobijo de los espacios académicos de la "...división / de estudios / superiores. [...] Todos listos a entrar / ya de traje y corbata / a la eternidad" iremos a todo vuelo de belleza, detenidos en el ir y venir de un pretérito hacia nuestra contemporaneidad en donde el Señor de los tiempos teologales en la poesía "...hora a hora / Dios mejora", impera en un presente sempiterno. Sin duda, Santibáñez reside en la entelequia del arte.

"Nazco mañana mismo" (¿o nazco tan pronto como amanezca?), hablando poéticamente, es la voz de una memoria prenatal que predice su advenimiento congruente con la realidad existencial. Una vez dado a luz en el poema "Técnica del fresco" con el verso "Siento que nazco ya por la mañana", Santibáñez se extiende en *The Fresco Technique / La técnica del fresco*: "Llevo prisa, / una estatua me espera / en la rotonda de los hombres / ilustres. Tan sólo me detienen: / el robo en despoblado, / la guerra atómica / ¡y el SIDA!", luego interpone un recurso poético: "Posiblemente el miércoles ya / haya nacido", necesario para vertebrar el contexto: "Me preguntan por qué / escogí / a México / No estoy de humor para entrevistas. / ¿No lo dijo un poeta? / Que al Cristo le pidieron todo / los ricos, y todo se los dio / menos México. / Dice: 'No se los doy, / porque ese país es de mi madre'".

El poeta señala la doble moral y el racismo de los mexicanos que aman a la Virgen morena a la que sin embargo "prefieren rubia". Quizás por eso, en los versos anteriores a esa no tan velada protesta suya, afirma su identidad: "Voy al ombligo o flor / del maguey"; es decir, al centro de mi esencia, y en el latir de las voces del náhuatl, pronunciaré la palabra México, ombligo de la luna, lugar exacto para formular una tesis filosófica en cuanto al ser de la mexicanidad, traducida a *Casi el paraíso* [9], que nos remite de paso a la novela de Luis Spota, ventilándose la auto-humillante predilección de permutar lo mexicano por lo extranjero.

Pese a ello, el individuo elige el "hogar de la Virgen morena" o Guadalupana, para definirse según Santibáñez en "Uno más que nace / mañana mismo, / uno más que se cuenta en el abismo / del número". Esta versificación nos recuerda que todos estamos incluidos en los censos organizados por un gobierno que regula la vida y la muerte de sus *coterraneus*. La advertencia del poeta es "Que se acomodará entre dos actas": la de su nacimiento con huellas del arribo del "fresco" al integrarse a la sociedad y al final, la de su defunción "que no le hace desaire / a la realidad".

Hablemos ahora de la revelación poética de Carlos Santibáñez en el interno del espacio controlado de la vida (¿Plantea Carlos la vida como heterotopía foucaultiana?), porque aunque a merced de la corrupción de los hombres y las relaciones de poder, él está "… ungido en aceite por un Dios" que lo dispone a la disciplina de aquella "nueva especie", y guarda en su interior la luz de las estrellas que lo hace ser el interno brillante que puede ser guiado, conducido de vuelta a aquel brillo, a ver si de casualidad es perdonado de la carga moral del deber, de culpabilidad por estar sujeto a una vida definida como estructura disciplinaria foucaultiana. Aquí se comprueba la vida como espacio de control, de regulación: como heterotopía.

Carlos se define en su biografía, se reitera en la poesía y regresa a su infinito poético: "soy como el fresco propiamente dicho / porque sigo jugando a los palitos". A él, al "fresco", lo podemos gozar revestido con todas las voces de la ensoñación corpórea desde una visión desinhibida a piel de circunstancias amorosas, o de cuerpo entero a partir de las metáforas de los versos de su poema "Ven a mi estudio", incluido en *Con luz en persona*:

"Sé como el mar que ronda la mitad de mi vida, / la inocencia perdida. / Permíteme caer / como la ropa interior antes del sexo", donde nuestro autor transita en todo lo que puede mostrarse "por las mieles del sexo", en esa calidez de su estilo, para llevar el sello de la libertad hasta su legítimo yo.

Siguiendo la recitación poética, en "Cambio de planes" de *The Fresco Technique / La técnica del fresco*, se deletrea: "Pero contigo no, / es con otra persona / que voy llegando / a un cuarto de hotel. / No, no se sabe quién va a pagar..." El poeta lanza una expresión en decir cotidiano, que se instala en los versos de arte menor de los sonetos de la Décima Musa: *si el que peca por la paga / o el que paga por pecar.* "Esta vez (anota Santibáñez) ni Sor Juana me puede salvar" y declara sin gota de reciedumbre, algo que no puede caber en un "fresco": "Pues mi pareja [...] Me ha regalado, es cierto, algo de cama. / Y hoy por desgracia va a cobrármelo todo, / hasta el más insolente arte de amar, si a pesar / del aceite y las caricias y el Viagra / ...¡no se me para...!"

El erotismo de Carlos está bendecido con la dicha de la "inocencia perdida" y con los goces desvestidos de un desfachatado "fresco". ¿Será porque todo lo tangencial en el hábitat de las cosas, los objetos y las formas, lo tocó el poeta desde el centro de su musical *noche en la árida montaña*? Y celebrado por el "interno brillante" surgido de un Dios de luz cierta y asombrosa, al poeta le queda la fe para tocar el alma de "...tu centro Histórico" y "En la noche de todos / verte en plato hondo". El poeta, lector apasionado de la Biblia, con el empoderamiento de las palabras, se refiere al Santo Grial, en el que Jesús de Nazaret, al ser crucificado dejó su sangre para redimir a los pecadores.

Ante las urgencias en nuestra ánima de lectores, de buscadores de voces innovadoras y eruditas, nos preguntamos: ¿Carlos, el poeta iluminado, debe seguir en su infinitud creativa? Al leerlo nos queda el recurso de la eternidad y llamamos a su alma desde la nuestra en la convocación espiritual de su letra parafraseada en "los infinitos que tocábamos..." llevados a un estado poético desde su "Humana marina": geografía de avenidas y casas repletas de latidos, de nombres de personajes y nombres de nosotros, todos, con polvo de osamenta humana.

Hemos caminado por la poética de Carlos Santibáñez Andonegui que nos deja el duelo en su "azul metálico" de las primeras albas del lunes 12 de febrero, 2018. Y vivimos también la luz consoladora de su poesía.

MARÍA ÁNGELES JUÁREZ TÉLLEZ

Ciudad de México, mayo de 2019

THE FRESCO TECHNIQUE

LA TÉCNICA DEL FRESCO

To Héctor and Dana

A Héctor y Dana

In order to make a painting of eternal glaze
the eye must always be
between the mist and the sun...
LEONARDO DA VINCI

Para hacer una pintura de barniz eterno
el ojo ha de estar siempre
entre la niebla y el sol...
LEONARDO DA VINCI

I.

BE BORN. WHAT IS CALLED TO BE BORN

NACER. LO QUE SE LLAMA NACER

And the point, in the spectrum
where all the lights become one,
it's white, and white is not a color
as we know from children,
but all of the colors;
where the flames are mixed
and the wings come together.

HILDA DOOLITLE
Tribute to the Angels

Y el punto, en el espectro
donde todas las luces se hacen una,
es blanco, y el blanco no es color
como sabemos desde niños,
sino todo el color;
donde las llamas se mezclan
y las alas se juntan.

HILDA DOOLITLE
Tribute to the Angels

AWARENESS

They are two locks
and a small latch.

For the silver lock
the special key.

The special key.

It closes with the inclined arrow
upwards.

And so it enters…

For the lock below
a regular key.

Thank you!

CONCIENCIA

Son dos chapas
y un segurito.

Para la chapa plateada
la llave especial.

La llave especial.

Cierra con la flecha inclinada
hacia arriba.

Y así entra…

Para la chapa de abajo
una llave normal.

¡Mil gracias!

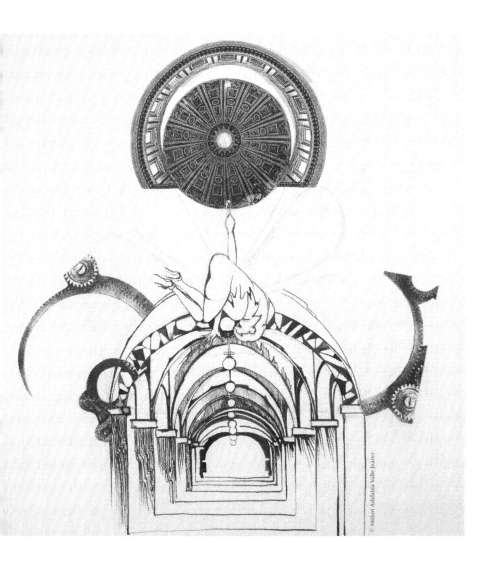

I'M BORN TOMORROW

I'm in a hurry,
a statue awaits me
at the illustrious men's
roundabout. I'm only stopped by:
the robbery in the uninhabited,
the atomic war
and AIDS!

But I'm coming,
I will meet my mother,
oh brave lady of the long hair
with a good, gentle
and forgiving hairstyle.

I will taste the great life,
I will see scorpions.
I will pay taxes,
I'll have a hundred ways to evade death
and a hundred to try it.

I will get the colors.
They are so much expected during these nine months.

Possibly by Wednesday
I'll be born.
A pair of green eyes maybe?

They ask me why
I chose
México.

I'm not in the mood for interviews.

NAZCO MAÑANA MISMO

Llevo prisa,
una estatua me espera
en la rotonda de los hombres
ilustres. Tan sólo me detienen:
el robo en despoblado,
la guerra atómica
¡y el SIDA!

Pero ya voy,
conoceré a mi madre,
oh valiente señora de cabellos largos
del buen peinado manso
y que perdona.

Probaré la gran vida,
veré alacranes.
Pagaré impuestos,
tendré cien modos de evadir la muerte
y cien para intentarla.

Obtendré los colores.
Se los espera tanto en estos nueve meses.

Posiblemente el miércoles ya
haya nacido.
¿Un par de ojos verdes, quizá?

Me preguntan por qué
escogí
a México.

No estoy de humor para entrevistas.

Did not a poet say it?
That the Christ was asked for everything
by the rich, and he gave them everything
except México.

He says: "I do not give it to them,
because it's my mother's
country."

I'm going to the navel or the maguey
flower.
To *Almost Paradise.*

To the brown-skinned Virgin's place
that they prefer
blonde.

The newspaper is what matters least to me.
The news is that I am being born now.

I have started to lose
or win
the notion of time.

Despite birth control,
with your permission gentlemen,
there goes one more.

One more that is born
tomorrow,
one more that is counted in the abyss
of the number

¿No lo dijo un poeta?
Que al Cristo le pidieron todo
los ricos, y todo se los dio
menos México.

Dice: "No se los doy,
porque ese país
es de mi madre".

Voy al ombligo o flor
del maguey.
A *Casi el paraíso*.

Al hogar de la Virgen morena
que prefieren
rubia.

El periódico es ahora lo que menos me apura.
La noticia es que estoy naciendo ya.

He empezado a perder
o ganar
la noción del tiempo.

A pesar del control de la natalidad,
con su venia, señores
ahí les va uno más.

Uno más que nace
mañana mismo,
uno más que se cuenta en el abismo
del número.

One who will fit between two certificates
and does not snub
reality

and even believes in God:
the best idea
man and woman ever had,
isn't it?

To be born tomorrow
is not easy.
I must continue to be born
Fridays.

To go for the broken dishes of childhood.
Inhabiting the crystal.
To stop being Narcissus: to somersault
to the outside world.

Be born! What is called be born!

The Renaissance going back to
the Middle Ages.

The skin: a dictionary
of curiosities,
a medley of human mysteries.

I'll know it well, I, who will be born.

I'm going to take a full guitar
course
for another voice: Help! Let it be!

Que se acomodará entre dos actas,
que no le hace desaire
a la realidad

y que hasta cree en Dios:
¿No es la mejor idea
que han tenido
el hombre y la mujer?

Nacer mañana mismo
no es fácil.
Debo seguir naciendo
los viernes.

Ir por los platos rotos de la infancia.
Habitar el cristal.
Dejar de ser Narciso: dar el salto mortal
al mundo exterior.

¡Nacer! ¡Lo que se llama nacer!

Remontar la edad media
el Renacimiento.

La piel: un diccionario
de curiosidades,
un popurrí de misterios humanos.

Si lo sabré yo, que voy a nacer.

Voy a llevar un curso completo
de guitarra
para otra voz: ¡Socorro! ¡Déjenla ser!

See what a mammals guide.

Let's see if I manage the Mint.

I ask for my gift from the godfather
and I'm also going
for Laura.

Laura and Laura forever

I'm going to the honeys of sex
the power
or death.

If they despise me today it's just because I'm
the reflections of a crippled
narcissistic fetus.

But tomorrow
as soon as I was born
that will be another thing.

You will see who I am!

I will seat my domains.
I will kick if necessary.
I will beat the bells
of the tallest tower.

I will decrypt the tracks
of the farthest corner.

I will make the infinite variables of oxygen
at the bottom of the sea
or in the city.

Vean qué guía de mamíferos.

Voy a ver si administro la Casa de Moneda.

Pido bolo padrino
y también voy
por Laura.

Laura y Laura siempre

Por las mieles del sexo
el poder
o la muerte.

Si me desprecian hoy es porque sólo soy
las reflexiones de un tullido feto
narcisista.

Pero mañana
en cuanto nazca
será otra cosa.

¡Ya verán quién soy yo!

Sentaré mis dominios.
Patearé si es preciso.
Batiré las campanas
de la torre más alta.

Descifraré las huellas
del rincón más lejano.

Haré las infinitas variables del oxígeno
en el fondo del mar
o la ciudad.

I will assault a house
full of pulses.

I came anew to see what's new.
I came
for today's
stew.

And I create the smell
of lavender in the flowers
the smell of a recent plaything
among heliotropes

and that the true everlasting flower
is blue.

Come on, if they're there in the higher
education
division.

All of them guessing the theory of some quanta.

All of them ready to enter
eternity
already dressed in a suit and tie.

Come on, they're saying: bottom, bottom!
An old family issue.
Toast in honor? An eternal fresh drink.

Here I am at the banquet
as an authentic guest of love
in this world.

Asaltaré una casa
repleta de latidos.

De nuevo vine a ver qué hay de nuevo.
Vine
por el guisado
de hoy.

Y de las flores creo
el olor a lavanda
a juguete reciente
entre heliotropos

y que la verdadera siempreviva
es azul.

Vamos, si están ahí en la división
de estudios
superiores.

Todos adivinando la teoría de los cuantos.

Todos listos a entrar
ya de traje y corbata
a la eternidad.

Vamos, si están diciendo ¡fondo, fondo!
Una cuestión antigua de familia
¿brindis de honor? Eterno trago reciente.

Heme aquí en el banquete
auténtico invitado de amor
en este mundo.

Hopefully I won't forget it, like the others.
I won't forget the beads
are made of crystal

and come from a shared memory.
I won't rebuff, because despite everything, they bring
food

or that I forget what's for dessert:
simply a fruit paste
that pastes what is important.

That I won't have to say: sorry or "shit!" my lunchbox.

Or that I was named secretary of agreements
and only was
a secretary of disagreements.

Hopefully I won't forget, like the others,
that first of all I am a stoker,
hope that I will find a little bag over there

to break a piggy bank,
one which is mine
– the joy. –

Well, do you want me to be born? Then

RAISE ME UP!

Scream loudly, yes!

Now that I'm in the moment
from step to action

Ojalá y no me olvide. Como los otros.
No olvide que las cuentas
son de cristal

y son de una memoria compartida.
No desaire, porque a pesar de todo traen
de comer

u olvide qué hay de postre:
sencillamente un ate
que ate lo importante.

No tenga qué decir: perdón o "¡chin!" mi lonchera.

O vayan a nombrarme secretario de acuerdos
y únicamente sea
secretario de olvidos.

Ojalá y no me olvide, como los otros
de que primeramente soy fogonero,
que encuentre por ahí una bolsita

que rompa una alcancía
que sea mía
– la alegría –.

Y bien ¿quieren que nazca?, entonces

¡ELÉVENME!

Griten fuerte que sí.

Que estoy en el momento
del paso al acto

and without knowing how to steal
I am already a shopwindow thief.

Shout that I'm not alone
that someone watches me
– any gaze is an open book. –

Hopefully, I won't forget it, like the others.
Only to come home at nightfall
to be asked where do you work.

And if you are going to shove me
into a party
with crime

only having played to learn
and to defend myself

do not put me on a diet
do not force me
on Thursdays

to drink tea

let me dream a little
just a moment
thankfully
I'm still dead.

y sin saber robar
ya soy cristalero.

Griten que no estoy solo
que alguien me ve
– toda mirada es un libro abierto –.

Ojalá no me olvide. Como los otros.
Y no regrese a casa al anochecer
y me pregunten dónde labora usted.

Y si van a fundirme
en una fiesta
con crimen

sólo habiendo jugado a aprender
y a defenderme

no me pongan a dieta
no me obliguen
los jueves

a tomar el té

dejen que sueñe un poco
un momento
que afortunadamente
aún estoy muerto.

© Midori Adelaida Valle Juárez

II.

YOU MAKE YOUR SCHEDULE

HACES TU HORARIO

BEING IN NETWORK

They have begun to make your life difficult.
Sum and dance
don't lose the compass.
Make up your mind and you'll break the square.

Any schedule is a circle
where it rises slowly, a star.

The real star of the schedule
is you.

Most of your generation
has a who-knows-what
of an Olympic pool...

They are promising: it's the group.
They jump from a network of promises
to a network of poems.

They are still in network, the world
proposes that they chat.

And?
If all they want
is
a schedule.

They jump for the high of the hour.
They jump for the high of the now.

ESTANDO EN RED

Te han comenzado a hacer la vida de cuadros.
Suma y baila
no pierdas el compás.
Decídete y acabarás con el cuadro.

Todo horario es un círculo
por donde sube lentamente, un astro.

El verdadero astro del horario
eres tú.

La mayoría de tu generación
tienen un no sé qué
de alberca olímpica...

Prometen: es el grupo.
Saltan de una red de promesas
a una red de poemas.

Siguen en red, el mundo
les propone un chateo.

¿Y?
Si lo único que quieren
es
horario.

Saltan por lo elevado de la hora.
Saltan por lo elevado del ahora.

I must say: my time
is something else. I made my schedule

when this was not
a matter of athletes.

And I bent down to enroll.

To riot the world the hours will go.
To lift the ladies skirts.

Every moment that you touch is in your hands,
all of them are in network and form their cloud,
while you, with your hours, up and up,
pray to God while climbing a holy hour and…
stop the *Hour of June*, which God sings.

Debo decir: mi tiempo
es otro. Hice mi horario

cuando esto no era
cuestión de atletas.

Y me agaché para las inscripciones.

A alborotar el mundo se irán las horas.
A levantar las faldas de las señoras.

Cada instante que tocas está en tus manos,
todos están en red y forman su nube,
mientras tú con tus horas, sube que sube,
pídele a Dios subiendo una hora santa y…
detén la *Hora de Junio*, con que Dios canta.

GIVE IT TO THE WIND

Whenever you make your schedule
give it to the wind
to give it to the air in motion.

We entered together to sport class,
the wind scattered your gray hours.
You exercised everything God gave you.

Back and forward
I saw a great quantity
of rich hours.

Like a sad *Little Buddha* under the clock
I stole the hours
and they said it was okay.

You grew up inside me
from the hour, to the hour-meter.

Nobody will say about me: he was a schedule seller.

They are likely to say
he has his hours

but I know that all of them
are counted.

At times I studied your insertion
point
that the clock will not point out.

DÁSELO AL VIENTO

Siempre que hagas tu horario
dáselo al viento
para que lo regale al aire en movimiento.

Entrábamos juntos a Deportes,
el viento dispersó tus horas grises.
Ejercitabas todo lo que Dios te dio.

Adelante y atrás
yo veía cantidad
de horas ricas.

Como un *Budita* triste al pie del reloj
me robaba las horas
y decían que hacía bien.

Dentro de mí creciste
del horario, al horámetro.

Nadie dirá de mí: fue un vendedor de horarios.

Es probable que digan
tiene sus horas

pero yo sé que todas
están contadas.

A ratos estudiaba tu punto
de inserción
que el reloj no dará.

To give the time is also to drill
is a hurricane
is a hourcane.

Diving in the wind: air in motion.

Your schedule has spikes,
I feel it.

At some time I will know your long name.

Somebody reads my palm and guessed: you're fresh,
you fade the hours.

But at the tips of his fingers
he holds my hours.

Collect, align and center...
adjust the emotion,
press print,
justify.
Today, this is how we speak.

Every hour you live reigns in your eyes.
And you are, among your hours, the royal star.
Time has your body free of problems.
Every moment that jumps is a network of poems.

Your classmates copy your schedule. Shiftless.
With their feet resting on the tables,
they're like shadows of the hours...

It's the group that encompasses a network of promises.
It's the group, imposing its law.

Dar la hora también es horadar
es huracán
es horacán.

Lanzarse al viento: aire en movimiento.

Es picudo tu horario,
así lo siento.

Alguna vez sabré tu nombre largo.

Alguien me lee la mano y adivina: eres fresco,
desvaneces las horas.

Pero en las puntas de los dedos
tiene mis horas.

Acumula, da margen y centrado…
ajusta la emoción,
dale imprimir,
justifica.
Hoy así se habla.

Cada hora que vives reina en tus ojos.
Y eres, entre tus horas, el astro rey.
Tiene el tiempo tu cuerpo libre de penas.
Cada instante que salta es red de poemas.

Tus compañeros copian tu horario. Flojos.
Con los pies descansando sobre las mesas,
la sombra de las horas parecen ser…

Es el grupo que abarca red de promesas.
Es el grupo, que va imponiendo su ley.

Down the stairs they're going to take a dive.
They make their schedule: it excels in embroidery.

How their time forgery hurts me.

I would never be
a schedule seller again.

Por la escalera van a echarse un clavado.
Hacen su horario: sobresale en bordado.

Cómo me da dolor su tiempo fraguado.

No volvería a ser
vendedor de horarios.

SOMETHING IN OUR HANDS

Only the time
puts something in our hands.
SABINES

Making a schedule is a sleight-of-hand,
a posting without stamps.

You make your schedule, you shrink
your encrypted language,
your time devoted to the time of being happy.

And nobody but time knows how to edge and shade.
Undo and redo...

Does seeing your hands bring bad luck?
Maybe it's because at the time you just saw
your schedule it may or may not be.

The cool is to give the time:
it is time-giving.

Freezing loneliness of schedules
where students
are going to die.

Standing time
is fast
on the knees.

The hour hand is just an arrow
of treacherous passage
that takes us unhurried to the other shore
going back to the minute hand,
the general master of the whole world.

ALGO EN LAS MANOS

> *Es sólo el tiempo el que nos*
> *pone algo en las manos.*
> **SABINES**

Hacer horario es juego de manos,
postal sin timbres.

Haces tu horario, encoges
tu lenguaje encriptado,
tu darle tiempo al tiempo de ser feliz.

Y nadie como el tiempo sabe dar bordes y sombreado.
Deshacer y rehacer…

¿Verse las manos trae mala suerte?
Será porque en la hora que acabas de ver
tu horario puede ser o no ser.

Lo frío es dar la hora:
es horadar.

Helada soledad de los horarios
donde van a morir
los estudiantes.

Tiempo de pie
de prisa
de rodillas.

El horero es acaso una saetilla
de paso traicionero
que nos lleva sin prisa a la otra orilla
volviendo al minutero,
el amo general del mundo entero.

The clock hand that brings the hours
is always a little shorter
than the minute hand.

But it's never far from the shore.

You make your schedule: fine knit embroidery.
But never be far
from your brief hour.

Do not challenge the clock hand,
it is treacherous.

Hands of undoing
– redoing –
time cannot be.

Everybody has agreed in rhythmic gymnastics,
you and your generation have a who-knows-what
of an Olympic Pool.

When you least think about it, time is over
and you grieve from a wounded hour on your hands.

Everything is done according to the manual
but your time is handmade.

Do it and you'll see why
in technical terms
Goya charged dearly
for the hands.

La mano es del reloj que trae las horas
y es siempre algo más corta
que el minutero.

Pero nunca se aparta de la orilla.

Haces tu horario: punto fino en bordado.
Pero nunca te apartes
de tu horilla.

No tientes el horero,
es traicionero.

Manos de deshacer
– rehacer –
hora no puede ser.

Todos han coincidido en gimnasia rítmica,
tú y tu generación tienen un no sé qué
de Alberca Olímpica.

Cuando menos lo piensas ya está entrada la hora
y te dueles de una hora herida en las manos.

Todo se hace según el manual
pero tu tiempo es hecho a mano.

Hazlo y verás por qué
en términos técnicos
Goya cobraba caro
por las manos.

HANGED HOUR

There was once an angel who spoke with the hours.
He met them one by one and became a trafficker
of hours, but failed: with one he had an affair.

They say that this angel cried at his hour of duty
and became a dark and gray demon,
for he who hides the hours in a ruse,
then he does not find the time to be happy.

And maybe when they say: his time has come,
they want to say: his gallows came.

Someone writes around the world
in eighty days,
"around the day in eighty worlds."

And he has left or missed one hour.

How serious: one hanged hour!

They showed him the gallows before that the place,
and this person is
wanting to hang himself.

The hour was also saved by the bell
when we said *The Hour of June*
and we collected our fifteen degrees
of the equinox line.

The pain: the zero hour.
The illusion: an extra hour.

HORA AHORCADA

Hubo una vez un ángel que habló con las horas.
Las trató una a una, se convirtió en tratante
de horas, pero falló: con una tuvo un desliz.

De ese ángel dicen que lloró a la mera hora
y se volvió un demonio oscuro y gris,
pues el que encierra horas en un ardid,
luego no ve la hora de ser feliz.

Y tal vez cuando dicen: le llegó su hora,
quieran decir: le llegó su horca.

Alguien escribe la vuelta al mundo
en ochenta días,
"la vuelta al día en ochenta mundos".

Y le ha sobrado o faltado una hora.

Qué grave: ¡una hora ahorcada!

Le enseñaron la horca antes que el lugar,
y esta persona se anda
queriendo ahorcar.

A la hora también la salvó la campana
cuando dijimos *Hora de junio*
y recogimos nuestros quince grados
de línea equinoccial.

El dolor: la hora cero.
La ilusión: hora extra.

First: Waiting to see at what time! Then,
May God keep the hour. But do not fear,
you and your Book of Hours
are going to be saved.

Love is such that it is open at all times.
Look for it in Matins
and finally catch it at Vespers.

Agree something with someone, at the first hour.

Whether eight o'clock or not,
make an appointment in *Ochitos*,
the place where the hours
laboriously pass by.

Primero: ¡A ver a qué horas! Después,
Dios guarde la hora. Pero no temas,
van a salvarse tú
y tu libro de Horas.

El amor es tal que abre a toda hora.
Búscale por maitines
y atrápale por fin en las Vísperas.

Queda en algo con alguien, a primera hora.

Den o no den las ocho
cítate en *Ochitos*,
lugar donde trabajosamente
pasan las horas.

HAPPY HOUR

The happy hour is so dear that it fits everywhere.
But at the time of the hour
one doesn't see the hour.

The world brings it
and will give us
the happy hour.

We touch the hours
as a nail is touched
but we ignore them.

Do not think that the hour takes time to arrive
because the time for the truth
will arrive for you...

As a small flower of all truths
you are going to depart with your harvest of hours.

Your schedule will go partly
but it throws you a bouquet
of internal
roses.

Of internal hours.

HORA DEL AMIGO

La hora del amigo es tan querida que cabe en todas partes.
Pero a la hora de la hora
no ve uno la hora.

El mundo la trae consigo
y nos dará la hora
del amigo.

Las horas las tocamos
como se toca un clavo
pero las ignoramos.

No creas que la hora tarda en llegar
porque te llega la hora
de la verdad...

Como pequeña flor de las verdades todas
vas a partir, con tu cosecha de horas.

Tu horario se irá en parte
pero te arroja un ramo
de rosas
interiores.

De horas interiores.

CHRONICLE

I am just a chronicler in the region of
the great hours.

The day I made my schedule I didn't bring a pen
and I asked for one from an employee who said "this is how
I have lost many pens."

I did not bring a pen but my time was
all feathered
and my bequest was still a *feathered snake.*

God, how I flew!

I would say of you, go flying!
You make your schedule and there is electric current.

I rather think
that your schedule
makes you.

It forms you,
it says: have
something to talk about.

In that body you bring the great hours.

That's why I say: what time do you have?
Or openly: could you give me the time?

Piggy, promise.

CRÓNICA

Yo soy sólo un cronista en la región de
las grandes horas.

El día que hice mi horario no traía pluma
y la pedí a un empleado pero me dijo "así
se me han perdido muchas".

No traía pluma pero mi tiempo estaba
todo emplumado
y mi herencia era aún una *serpiente emplumada*.

¡Dios, cómo volé!

De ti yo diría vuélale.
Haces tu horario y hay corriente eléctrica.

Más bien creo
que tu horario
te hace a ti.

Te forma,
dice: ten
de qué hablar.

En ese cuerpo traes las grandes horas.

Por eso digo yo: ¿qué hora tienes?
O abiertamente: ¿me podrías dar la hora?

Alcancía, promesa.

At the hardest hour, God works.
Love is a heaven open at all times.

I stealthily introduced myself to your schedule.
I got into your program a little bit,
I dragged you to the hard drive.

Seeing it well, your schedule is already done.
Love and do what you want
with the younger hours that are still green.

Throughout the day, be prudent.
Because your time comes, and it always arrives.

If the current hour is not
so good,
do it a favor and that's it, what else?

But never reject the diminished hour
because that's how they gave it to you.
Just pamper it in the next hour.

Take it and sing.

All talking is applause,
it's something on the lips.

Open the little door
of Fine Hours.
Smoke on your lips.

Use the little door: Time Zones.
And if the Summer Time ends: May God keep the time…

En chica hora, Dios obra.
El amor es un cielo abierto a toda hora.

Sigilosamente me introduje a tu horario.
Un poco me metí en tu programa,
te arrastré al disco duro.

Viéndolo bien tu horario ya está hecho.
Ama, y haz lo que quieras
con las horas menores que todavía están verdes.

A lo largo del día, sé prudente.
Porque llega tu hora, y llega siempre.

Si la hora que corre no está
muy buena,
hazle el favor y ya, qué te queda.

Pero jamás reniegues de la hora menguada
porque así te la dieron.
Sólo apapacha la siguiente hora.

Tómala y canta.

Todo hablar es aplauso,
es algo en los labios.

Abre la puertecita
de Bellas Horas.
Humo en tus labios.

Usa la puertecita: Husos Horarios.
Y si acaba el Horario de Verano: Dios guarde la hora…

Well, it is necessary to return the hours
to their infinite God.

Forbidden hour.
They must have abused her.
Someone who went around the world
in eighty seconds of internet.

Allowed time:
this is said of someone who has gone
from Palo Blanco to Palo Solo.

Of someone who went *around the world*
in eighty days
or *around the day in eighty worlds*
and has left or missed
one hour
they say "astronomical
hour."

The hour was also saved by the bell
when they said have your *Hour*
of June and we collected
our fifteen degrees
of the equinox line.

The pain: the zero hour.
The illusion: an extra hour.

Among clouds
approaches the time on line.

Pues es preciso devolver las horas
a su Dios infinito.

Hora prohibida.
Deben haber abusado de ella.
Alguien que dio la vuelta al mundo
en ochenta segundos de internet.

Hora permitida:
esto dicen de alguien que ha ido
de Palo Blanco a Palo Solo.

De alguien que ha dado *la vuelta al mundo*
en ochenta días
o *la vuelta al día en ochenta mundos*
y le ha sobrado o faltado
una hora
dicen "hora
astronómica".

A la hora también la salvó la campana
cuando dijeron ten tu *Hora*
de junio y recogimos
nuestros quince grados
de línea equinoccial.

El dolor: la hora cero.
La ilusión: hora extra.

Entre nubes
se acerca la hora *on line*.

From the year following the death of André Breton,
the cesium atomic clocks
mark International Atomic Time.

From the *lights that rock unreal things*,
a poem responds to the blue laser.

Every day is governed by celestial rotation.

But do not fear, you and your Book of Hours
are going to be saved.

Desde el año siguiente al que murió André Breton,
los relojes atómicos de cesio
marcan el Tiempo Atómico Internacional.

De las *luces que mecen las cosas irreales*,
un poema responde al láser azul.

Todos los días se rigen por rotación celeste.

Pero no temas, van a salvarse tú
y tu libro de Horas.

© Alonso Venegas Gómez

JUST IN THE HOUR

The photon, similar to a wave
oscillates like the pendulum of an antique clock.

Love is like that, open at all times.

This is precisely the central time.
Agree something with someone, at first hour.

Whether eight o'clock or not,
make an appointment in *Ochitos*,
the place where the hours
laboriously pass
but zeros like kisses
pass from one to the other.

Squared hour is an hour that multiplies another hour.

Before the point of no return,
the Golden Hour.

Do not fear to return
or jump
or doubt

at the supreme hour.

Then make an appointment:

See you at the door of Santa Fe.

Even if it is only
to leave.

A LA MERA HORA

El fotón, similar a una onda
oscila como un péndulo de un reloj antiguo.

El amor es así, abierto a toda hora.

Esta precisamente, es la hora centro.
Queda en algo con alguien, a primera hora.

Den o no den las ocho
cítate en *Ochitos*:
lugar donde las horas pasan
trabajosamente
pero los ceros como los besos
pasan de uno a otro.

Hora cuadrada es una hora que multiplica a otra hora.

Antes del punto de no retorno
la Hora Dorada.

No temas volver
o saltar
o dudar

en la hora suprema.

Luego agrega una cita:

Nos vemos en la puerta de Santa Fe.

Aunque sólo sea
para partir.

The time always arrives to admit: I'll leave.

I have been sown by instants.
I will leave.
Congratulations. I go for you in the free hour.

The quarter? The half?
Who has seen what time it is?

I do not know if I will arrive at a fixed time.

Horoscope
hour-scope
oracle
rush hour.

Little rock stars!
The time
has arrived.

And because "hour by hour
God improves,"
as God is the owner of all hours

that are contributions
for improvements,
since you were born until you die
he already gained hours.

And because God loves you
The House wins!

Since you were born
and the war begins
until returning to the ground,

Siempre llega la hora de admitir: partiré.

Me han sembrado de instantes.
Partiré.
Enhorabuena. Voy por ti en la hora libre.

¿El cuarto? ¿La media?
¿Quién ha visto la hora que es?

No sé si llegaré a una hora fija.

Horóscopo
hora poco
oráculo
hora pico.

¡Estrellitas rocanroleras!
Ha llegado
la hora.

Y porque "hora a hora
Dios mejora",
como Dios es el dueño de todas las horas

que son contribuciones
de mejoras,
desde que naces hasta que mueres
ya ganó horas.

Y porque Dios te ama
¡La Casa gana!

Desde que naces
y comienza la guerra
hasta volver a tierra,

if you delay
he earns his hours.

You are part of everything that exists.
Love!

Because apparently you're already done
but the House
wins.

Love if you laugh, love if you cry.
After all, is music the *Dance of the Hours*!

si te demoras
gana sus horas.

Eres parte de todo lo que existe
¡ama!

Porque aparentemente tú ya valiste
pero la Casa
gana.

Ama si ríes, ama si lloras.
¡Después de todo es música la *Danza de las horas*!

© Midori Adelaida Valle Juárez

III.

THE SHINING INTERNEE

EL INTERNO BRILLANTE

Everything is thrown into the party of colors.

CONCHA URQUIZA

Todo a la fiesta del color se arroja.

CONCHA URQUIZA

TEACHER'S ROOM

You were the best teacher, *Camarón*:
only your nickname
did not age.

Urge me to shut up, make me line up.
It's going to be a projection.

Your subject: a system
of access
to freshness.

You were a good gate
to life.

As a group leader I will help you to sit down
at the table between the five
senses.

The teacher's room
is still fuming
and they have lunch.

Nobody will enter because Athenogenes
guards the door...
and the school shudders
inside and outside.

And while the teacher of Math savors
a short sweet
to put on her next number

I will tell you of an eternal book
that is worth more than many.

SALÓN DE MAESTROS

Fuiste el mejor maestro, *Camarón*:
solamente tu apodo
no envejeció.

Úrgeme que me calle, que me forme.
Que va a haber proyección.

Tu materia: un sistema
de acceso
a la frescura.

Fuiste una buena puerta de entrada
a la vida.

Como jefe de grupo te ayudaré a sentarte
a la mesa entre los cinco
sentidos.

El salón de maestros
sigue humeando
y almuerzan.

Nadie se colará porque Atenógenes
cuida la puerta…
y por dentro y por fuera se estremece
la escuela.

Y mientras la maestra de Mate saborea
un breve dulce
para montar su próximo número

te contaré un libro eterno
que vale por muchos.

The book, *Camarón*, of the fuming
existence, yes, fuming
as charity.
Its author was the father of a teacher
of the University.

A daughter of Antonio Caso, you must have
known her because she was Concha
and besides that, she was a case.

And in her window just as in Heidi's cabin,
Unamuno, uuuhhh!
is still howling.

I'm going to be indiscreet, *Camarón*.
I will tell of your romance with the English teacher.
The story is old:

we saw you spying on her beyond the fence
where our balls flew away.

You two investigated everything through the lips,
I looked at both of you so much that I carry in my eyes kisses
from the last century.

The truth is: with you
one had to be lined up over and over again,
but behind the row
it was impossible to hide
your fiery romance
with our English teacher.

Your caresses gave us the lesson
to blow the fence,
and the balls are still flying away.
You were the red hot of that time.

El libro, *Camarón*, de la existencia
humeando, sí, humeando
como caridad.
Su autor era el papá de una maestra
de la Universidad.

Hija de Antonio Caso, la has de haber
conocido porque era Concha
y además era un caso.

Y en su ventana como en la cabaña de Heidi,
Unamuno, ¡uuuhhh!
está aullando aún.

Voy a ser indiscreto, *Camarón*.
Contaré tu romance con la *miss* de inglés.
Es antigua la historia:

te veíamos espiarla más allá de la barda
adonde se nos iban las pelotas.

Todo lo investigaban a través de los labios,
yo de tanto mirarlos traigo en mis ojos besos
del siglo pasado.

La verdad que contigo
había que formarse una y otra vez,
mas detrás de la fila
imposible ocultarse
tu fogoso romance
con nuestra *miss* de inglés.

Sus caricias nos dieron la lección
de volarnos la barda,
y se nos siguen yendo las pelotas.
Eran el rojo vivo de aquel tiempo.

Today when the sun is fading and no one plays
in the backyard,
I turn you both into a letter of love for the soul.

It's still facing to the street,
the hall of the frescoes.

It was fog or nostalgia
and it will go as it came
The Teacher's Room:
The Graveyard by the Sea.

Old room in high vacuum
made of everything one wishes for
or would have wanted.

Flower of visible signs,
allegory of each generation.
House of the impossibles that was once
The Cabin
of Uncle Tom.
What pleases this room that enlarges this room?

And since dreams are dreams,
we want you to tell us *Camarón*,
What happened with that Room?

I return to the teacher's room song:
it is *Love is blue*
I listen well to it…

It is better that you do not pass the list today.
Today they only pass
the appearances list.

Hoy que ya se va el sol y nadie juega
en el patio,
yo los convierto en carta de amor para el alma.

Sigue dando a la calle,
el salón de los frescos.

Fue de niebla o nostalgia
y se irá como vino
El Salón de Maestros:
Cementerio Marino.

Viejo salón al alto vacío
hecho de todo lo que uno quiere
o habrá querido.

Flor de signos visibles,
alegoría de cada generación.
Casita de imposibles que antes fue
La cabaña
del Tío Tom.
¿Qué agrada a este salón que agranda a este salón?

Y dado que los sueños, sueños son,
queremos que nos digas, *Camarón*
¿Qué se hizo aquel Salón?

Retomo la canción del salón de maestros:
es *El amor es triste*
la escucho bien...

Vale más que hoy no pases lista.
Hoy solamente pasan
lista de apariencias.

But we are the teachers today.
No one loses the compass, they play,
yes, *they are playing our song!*

Contreras is dressed up, his mustaches are true,
this is the afternoon
in which Rückert the poet
influences Mahler
with one of those 400 songs
for dead children.

Their death is not heard on our piano.
With their windy faces, it is molded in a shortcut
by the hall of the dead,
a low gold cathedral.

Frescoes to admire!

World's Fair of the Artistic Nude,
the dreams that today look like skyscrapers
lean on the eternal colonnade
to live.
They are surrounded only by a pact of stone
to die.

It was reinforced so much with iron rods
of illustrious men.
So many stairs lead to the teachers' room
now isolated, *Camarón.*

What we see now is a memory,
someone can come and reveal to us:
a new career: I graduated
in electronic hatred.

Mas los maestros hoy, somos nosotros.
Nadie pierde el compás, la están tocando,
sí, *¡están tocando nuestra canción!*

Contreras viste de gala, sus bigotes son ciertos,
ésta es la tarde
en que Rückert el poeta
influye a Mahler
con alguna de aquellas 400 canciones
para niños muertos.

No se escucha su muerte en nuestro piano.
Con sus caras de viento la moldea en un atajo
el salón de los muertos,
catedral de oro bajo.

¡Frescos para admirar!

Feria Mundial del Desnudo Artístico,
los sueños que hoy parecen rascacielos
se apoyan en la eterna columnata
para vivir.
Sólo los cerca un pacto de piedra
para morir.

Tanto lo reforzaron con varilla de hierro
de hombres ilustres.
Tanta escalera lleva al salón de maestros
que se aisló, *Camarón*.

Lo que vemos ahora es un recuerdo,
alguien puede venir y revelarnos:
nueva carrera: me recibí
en odio electrónico.

The teacher's room is not the same again.
There are still preserved a model or two of it.

A model of high feelings.
And a small box for the poor.
And a forgiveness workshop.
It's still facing to the street
the teachers' room that was once the cabin
of Uncle Tom.
There is something hidden in this calendar.
Something about this room that won't come back.

Suddenly its design is guessed as simple:
a mixture of antiquity and, Alas! the soul,
the one that began being used
instead of stones...

I came to see
what they are doing today,

what are they taking among the fronds of the years,
what it is that does not let them sleep,
fluttering of souls, igloo
with blocks of Eskimo
justice.

World's Fair of the Artistic Nude,
they continue living from the ideal.

They nod sleepily, they are sad.
The hall of the dead is open today.
It receives us.

No vuelve a ser igual aquel salón de maestros.
Aún se conserva de él una maqueta o dos.

Maqueta de elevados sentimientos.
Y cajita de pobres.
Y taller de perdón.
Sigue dando a la calle
el salón de maestros que antes fue la cabaña
del Tío Tom.
Hay algo oculto en este calendario.
Algo de este salón que no volverá.

Su diseño de pronto se adivina simple:
mezcla de antigüedad y ¡ay! el alma,
la que se empezó a usar
en vez de la piedra...

Vine a ver
qué hacen hoy,

qué están tomando entre la fronda de años,
qué les espanta el sueño,
batir de almas, iglú
con bloques de justicia
esquimal.

Feria Mundial del Desnudo Artístico,
siguen viviendo del ideal.

Cabecean, tristean.
El salón de los muertos abre hoy.
Nos recibe.

It was built with dreams instead of stones.
One of those stones, one of those dreams,
or one of those songs for Dead Children.
An igloo with blocks of Eskimo justice.
In their ice those children shiver,
those children still
living by the ideal.
They know about the school bell,
and they make a song of it,
with a little luck there'll be an event.

The young people look like skyscrapers,
they build bridges.

They resemble a sturdy colonnade
to live:
to inhabit the castle, the cell.

Submitting the subject
trying a summer.

The splendor, the fireball!

Ancient and monastic teacher's
room:
Who doesn't love this corner
of sorcery?

Come and make a bridge,
there is fresco,
make yourself pass, enter the contest.
Take your place in the congress.

They systematically
study in the room

Se construyó con sueño en vez de con piedra.
Una de aquellas piedras, uno de aquellos sueños,
o de aquellas canciones para Niños Muertos.
Iglú con bloques de justicia esquimal.
En sus hielos tiritan esos niños,
esos niños que siguen
viviendo del ideal.
Saben de la campana del colegio,
y la hacen canción,
con suerte hay un evento.

Los jóvenes parecen rascacielos,
puentean.

Semejan una recia columnata
para vivir:
habitar el castillo, la celda.

Presentar la materia
intentar un verano.

¡El esplendor, la bola de fuego!

Antiguo y monacal salón
de maestros:
¿Quién no ama este rincón
de brujería?

Ven a hacer puente,
hay fresco,
hazte pasar, concursa.
Ocupa tu lugar en el congreso.

Sistemáticamente
estudian en la sala

What is behind the frescoes?

Because the day has come when the hall
will be dressed up,
and they will convert it
to a concert hall.

There will come a governorship envoy

to disavow the waltz of the minute
so that in that lapse nobody can die
in the classroom.

Contreras is carrying Rückert, the poet
that influenced Mahler
with 400 songs about dead
children

and the room receives us because
we do not hear death on our piano:

because music is inspiration
that comes to us
from the magic,

Long live the teacher Contreras!
Because of him in our mind in our
death there is a small piano.

Here, here: the low gold cathedral.

Check your doubts, time
clock,
your hands, your moments,
your fortnight

¿Qué hay detrás de los frescos?

Es que ha llegado el día en que el salón
se vestirá de gala,
y habrán de convertirlo
en salón de conciertos.

Vendrá una enviada de gobernación

a desautorizar el vals minuto
para que en ese lapso, nadie pueda morir
en el salón.

Contreras va cargando a Rückert, el poeta
que influyó a Mahler
con 400 canciones sobre niños
muertos

y el salón nos recibe porque
no se oye la muerte en nuestro piano:

porque la música es inspiración
que nos llega
de lo mágico,

¡Viva el maestro Contreras!
Por él en nuestra mente en nuestra
muerte hay un pequeño piano.

Aquí, aquí: la catedral de oro bajo.

Checa tus dudas, reloj
checador,
tus manos, tus instantes,
tu quincena

the hidden side of this calendar.

Something in this room that will not come back.
Something that lets out the centuries
and the best fairy tales
of the world.

Lasso of justification:
teacher Lazo is still a widow
of Guzmán.

Nobody takes the Roman law class.
The album is again like in the beginning: white.
The room is an album.
White wall.

Maybe it would be better
nobody reads his report card
and be it forgotten.

And if I have your permission, I'm going to talk to you *de tú,*
Camarón.

You were the best teacher.
And you still are.
You are fresh.

I think I've made you as a cocktail and I'm living
by your memory still.

Urge me, shut me up, make me line up.
Call me, we have a projection.

el lado oculto de este calendario.

Algo en este salón que no volverá.
Algo que deja escapar los siglos
y los mejores cuentos de hadas
del mundo.

Lazos de pretexto:
la maestra Lazo sigue siendo viuda
de Guzmán.

Nadie toma la clase de derecho romano.
El álbum vuelve a ser como al principio: blanco.
El salón es un álbum.
Pared blanca.

Tal vez será mejor
que nadie vea su calificación,
que la olvide.

Y si me lo permites voy a hablarte de tú
Camarón.

Fuiste el mejor maestro.
Y lo eres todavía.
Eres fresco.

Creo que te hice coctel y estoy viviendo
de tu recuerdo todavía.

Úrgeme, que me calle, que me forme.
Llámame, que tenemos proyección.

Luisa, the despised one, pries at you:
you were a good gate
to life.

At times you seem liberal, conservative,

you still have a fight with the Church.

Wait:
there is bad water
we are surrounded
by forgetfulness.

And while the teacher of Math, the one who was married
to Horacio, savors
a short sweet
to put on the next number,

they are still playing our song.

And what about your intrepid obsession
to take to the groups to ride
on tours...

When I see you joking with your chubby face
it is because the sample book is very messy
and the notebook was lost.

They are playing our song!

What we see now is your memory:
you were the best teacher, *Camarón*.

Today when suddenly I pass by and take a seat,
I understand that there'll be a projection,

Te curiosea la Luisa, la mal querida:
fuiste una buena puerta de entrada
a la vida.

Por momentos pareces liberal, conservador,

todavía la traes con la Iglesia.

Espera:
hay mal agua
estamos rodeados
de olvidos.

Y mientras la maestra de Mate, la que estuvo casada
con Horacio, saborea
un breve dulce
para montar el próximo número,

todavía están tocando nuestra canción.

Y qué va de tu intrépida obsesión
de llevar a los grupos de paseo,
de excursión...

Cuando te veo bromear con tu cara regorda
es que está muy revuelto el muestrario
y la libreta se perdió.

¡Están tocando nuestra canción!

Lo que vemos ahora es tu recuerdo:
fuiste el mejor maestro, *Camarón.*

Hoy que paso de pronto y tomo asiento,
comprendo que va a haber proyección,

because after the 2nd Education, and the third
and the fourth, after the morning and evening shifts,
after the day and night time…

our balls have flown away
towards high school twenty-eight
and you have to get them back,
there is a match, they are
tossing coins
of skulls.

This is the true homeland story.

We shudder before sea waves.
Everything is filled with salt water
but be careful if you dare to give up:
no one will interrupt your History
class.

The house is as it is:
the fire and its total.
But the false rumors of the world war
are not true.
Nobody has arrived yet
at the teacher's room.

But they have found better ways
to learn
or set
fire to it.

The truth is the Red Cross.

They make a mummy of everything.
There is a projection, they're surrounded by
a pact of stone.

porque después de la 2ª Enseñanza, y la tercera
y la cuarta, del turno matutino y vespertino,
de la jornada diurna y nocturna...

se nos han escapado las pelotas
hacia la secundaria veintiocho
y hay que ir por ellas,
hay partido, están
echando volados
de cráneos.

Esta es la verdadera historia patria.

Nos estremecen ondas marinas.
Todo lo llena el agua salada
pero cuidado y oses rajarte:
nadie interrumpirá tu clase
de Historia.

La casa está tal cual:
el fuego y su total.
Mas los falsos rumores de la guerra mundial
no son ciertos.
Nadie ha llegado aún
al salón de maestros.

Sino que han encontrado mejores formas
de aprender
o de prenderle
fuego.

Lo cierto es la Cruz Roja.

Hacen momia de todo.
Hay proyección, los cerca
un pacto de piedra.

There were five senses, heart.
You were the best teacher, *Camarón*.

Gobble up! Have your stew today!
Look at the stars. They tremble.
Have we let the time pass by
and these are its footprints?
We have turned to see the stars and
it's class time.
Humanity is running
on a trip.

Stand up straight, *Camarón*
because your nickname did not age,
straighten up and talk, go to the center of the room
and brag:

Children of lust!
The lesson, the real lesson,
has not started
yet!

Cinco sentidos fueron, corazón.
Fuiste el mejor maestro, *Camarón*.

¡Deglute! ¡Ten tu guiso de hoy!
Ve las estrellas. Tiemblan.
¿Hemos dejado al tiempo que pase
y éstas son sus huellas?
Hemos volteado a ver las estrellas y
es la hora de clase.
La humanidad corriendo
en un viaje.

Párate bien al frente, *Camarón*
porque tu apodo no envejeció,
enderézate y habla, aproxímate al centro del salón
y porfía:

¡Hijos de la lujuria!
¡La lección, la verdadera lección
no ha comenzado
todavía!

ALGEBRAIC REASON

Forgetfulness took only half of it away.
MIGUEL HERNÁNDEZ

The chalk draws a flying reason between your hands,
it takes out first, second, third of you,
there remains an only flower in the air:
your voice that sweetens algebra.

Nobody teaches in your cathedra of eyes
between the positive and the negative
the equality closes today at a quarter to crescent
eleven. With you the sun goes hiking,
goes out to apply your properties,
joys of *golden dawns,*
everything that forms you and is a just equivalent
for certain values: sun and sex
where every equation takes root.

Your soul: multiple of your words.

I think I know that the product of the extremes
is equal to the product of the middle ones, that is to say
I'm watching you,
you erase the blackboard,

you have come out alive from the abyss of the number.

While you are turning, I get weird solutions,
I multiply illusions by your entire expression.

I will find the exact shot of your operations.
Deciphering you: a problem of averages
that involves fractions, ages, geometry,
the shortest distance between two dreams.

MOTIVO ALGEBRAICO

El olvido solo se llevó la mitad.
MIGUEL HERNÁNDEZ

Dibuja el gis una razón de vuelo entre tus manos,
saca primera, segunda, tercera de ti,
queda una sola flor en el aire:
tu voz que endulza el álgebra.

Nadie enseña en tu cátedra de ojos
entre lo positivo y lo negativo
cierra hoy la igualdad a las once menos cuarto
creciente. Contigo el sol va de excursión,
sale a aplicar tus propiedades,
alegrías de *albas de oro,*
todo eso que te forma y es solamente igual
para ciertos valores: sol y sexo
donde toda ecuación echa raíces.

Tu alma: múltiplo de tus palabras.

Creo saber que el producto de los extremos
es igual al producto de los medios, es decir
te estoy viendo,
borras el pizarrón,

has salido con vida del abismo del número.

Mientras volteas obtengo soluciones extrañas,
multiplico ilusiones por tu expresión entera.

Hallaré el tiro exacto de tus operaciones.
Descifrarte: problema de promedios
que involucra fracciones, edades, geometría,
la distancia más corta entre dos sueños.

Will I touch your whim of base by height
with which you charm snakes?

You go in a hurry, you draw the figure,
it happens frequently to me in mathematics:
I only have today's formula.

But when the night exposes
its reasons, I will reach you
in the numbers…

¿Tocaré tu capricho de base por altura
con que encantas serpientes?

Vas de prisa, dibujas la figura,
me pasa con frecuencia en matemáticas:
sólo tengo la fórmula del día de hoy.

Pero cuando la noche exponga
sus motivos, te daré alcance
en la numeración...

LEARNING FROM YOU

I wanted to enter your mouth
through that open door between your lips,
hit the present day
and snatch the old gold
to the dawn,
to open again the infinity
at sunrise,
illuminating one by one your hidden corridors
where even you yourself have not walked…

Going for you where you go with your words
of smoke,
celebrating the necklace you are wearing,
it is not a jewel,

it's the green pretext
left in you
by my clumsy hands…

in order for it to sprout
at your moment of blaze.

Brightness that thieves have not stolen
to the world, I crave to
get to the bottom of your eyes tending
to the vision of the first night

that was never immense though has always
grown.

"The heat that remains
between the sheets
knows our names…"

APRENDIÉNDOTE

Quería entrar en tu boca
por esa puerta abierta entre tus labios,
pegarle al día de hoy
y arrebatarle a la aurora
el oro viejo,
abrir otra vez el infinito
al amanecer,
iluminar uno a uno, tus pasillos ocultos
por donde ni tú misma has andado…

Ir por ti donde vas con tus palabras
de humo,
celebrar el collar que llevas puesto,
no es ninguna sortija,

es el pretexto verde
que dejaron en ti
mis torpes manos…

para que brotara
en tu momento de arder.

Brillo que no han hurtado los ladrones
al mundo, ansío
al llegar al fondo de tus ojos tender
con la visión de la primera noche

que no fue nunca inmensa pero siempre
ha crecido.

"El calor que queda
entre las sábanas
sabe nuestros nombres…"

THE SHINING INTERNEE

You'll go down the path of history
where everyone passes
but never comes back.

You'll go with God, who already anoints you in oil,
prepares you with care
through pain.

He gives you to drink time, that blood
of the enemy in skulls.
And He tends you His love.

He makes you go with Him to a new day.
He offers you the untouched day.
It is so intense

that between His light, you are the new species.
The gold of the vessels of Bohemia.
The new cup.

Go to the gym:
go and train…

Train, that the new day is coming.

Do not stay out.
Everything is chimera.

Oh god of fire,
Go and warm!

Being an internee, is like being a sick person:
you learn it.

EL INTERNO BRILLANTE

Irás por el sendero de la historia
por donde pasan todos
pero no vuelven más.

Irás con Dios, quien te unge ya en aceite,
te prepara con tiento
a través del dolor.

Te da a beber el tiempo, esa sangre
enemiga en calaveras.
Y te tiende su amor.

Te hace pasar con Él a un nuevo día.
Te ofrece el día intocado.
Es tan intenso

que entre su luz, eres la nueva especie.
El oro de los vasos de Bohemia.
La copa nueva.

Vete al gimnasio:
vete, y entrena...

Entrena, que se acerca el nuevo día.

No te quedes afuera.
Todo es quimera.

Oh dios del fuego,
¡ve a calentar!

Estar de interno, es como estar de enfermo:
se aprende.

Sweet sir that fill the internee card,
you will know about the wealth that there is
in captivity.

They tell you "sign!"and you are an internee,
they are two certificates, two dates
and the show must go on!

They tell you "sign!" infirm this rumor,
they tell you "sign!" and there'll be no
sanction?"

A shining internee
is obvious
even if he doesn't compare to the shareholder.

An internee is progressively covering with hair.
Veil of your engagement.
Watch your video.

Today is not a cloudy day,
it is on your side.

Put on the shirt!
Show the bravery!
Pray, because the system is worth a mass.

The shining internee
shines for anything:
he sends you a constant fax through his gazing.

That kind of internee shines all day
even when his uniform
is stained with clay.

Dulce señor que llenas tu boleta de interno,
sabrás de la riqueza que hay
en cautiverio.

Te dicen "¡firma!" y has quedado interno,
son dos actas, dos fechas
y *the show must go on!*

Te dicen "¡firme!", enferma este rumor,
te dicen "¡firma!" ¿y no habrá
sanción?

Un interno brillante
salta a la vista
aunque no se compare al socio accionista.

Un interno se va cubriendo de pelo.
Ve lo de tu noviazgo.
Ve tu video.

Hoy no es un día nublado,
está de tu lado.

¡Ponte la camiseta!
¡Saca la casta!
Reza, que vale una misa el sistema.

El interno brillante
brilla por nada:
te pone un *fax* constante con la mirada.

Esa clase de interno brilla del todo
aunque esté su uniforme
lleno de lodo.

Give me an "m," give me an "e"! What do they say?
Me! Stronger, stronger:
Me, me, me!

Who we are? The internees.
What do we want? Dazzle.
What do we come for?

To shine! To shine...

Every shining internee is on the subject.
He enters after-dinner, after-Mass.
He enters and prepares "Mass for convents."

He gets a girlfriend by computer
but she tells him
she has a new love.

He will normally go to another galaxy.
He has gone out without a doubt
from the signature room

as a naive, stubborn and vain
like we all have came
up to here.

Because one is born, raised and is happy
but with a meteor
in the mind.

One begins to sign, suddenly.
One listens to a rumor, and they laugh.
It's a lot of people!

¡Dame una "y", dame una "o"! ¿Qué dice?
¡Yo!, más fuerte, más fuerte:
¡Yo, yo, yo!

¿Quiénes somos? Los internos.
¿Qué queremos? Deslumbrar.
¿A qué venimos?

¡A brillar!, A brillar…

Todo interno brillante está en la materia.
Entra de sobremesa, de sobremisa.
Entra y prepara "Misa para conventos".

Atrapa novia por computadora
pero ella le dice
que tiene un nuevo amor.

Él normalmente, irá a otra galaxia.
Ha salido sin duda
del salón de firmas

ingenuo, terco, pagado en sí
como llegamos todos
hasta aquí.

Porque uno nace, crece y es feliz
pero con un meteoro
en la mente.

Uno empieza a firmar, de repente.
Oye un rumor, y ríen
¡es mucha gente!

There is a day of love and friendship.
It is twelve o'clock and it is said:
"Sign here!"

They put a price on the common good.
Noon
remains firm.

The shining internee hangs his clothes.
He hangs his encrypted
loneliness.

An expectation goes somewhere
and the sun is cheering him
to hang.

The afternoon comes out from its lair
and in its emotion it comes
in again.

He wants to be a page-boy of its presence.
The shining internee sets a trap.

He wants to hunt her, he finds the night.
He is only a page-boy
from the theater of the forest.

At the pace, he has become a master,
he has become a pimp, an insolent
who insists with the money…

He has become a classic in biology
mockery that mocks
to the new species.

Hay un día del amor y la amistad.
Dan las doce y se dice:
"¡Firme aquí!"

Le ponen precio al bien común.
El medio día
ha quedado firme.

Tiende sus ropas el interno brillante.
Tiende su soledad
encriptada.

Una esperanza va a alguna parte
y el sol lo va animando
a tender.

Sale de su guarida la tarde
y en su emoción se vuelve
a meter.

De su presencia quiere ser paje.
Tiende su trampa el interno brillante.

Quiere cazarla, encuentra la noche.
Únicamente es paje
del teatro del bosque.

Al paso marcha, se ha vuelto un amo,
se ha vuelto un golfo, un igualado
dale que dale con el billete...

Se ha vuelto un clásico en biología
burla que burla
a la nueva especie.

Is it that the internee wants to know more?
The fog is made in the signature room.
The night definitely falls down.

They tell you please firm, inform, infirm
this rumor.
A person expires: he has penned his signature.

Nothing is possible anymore. India has signed.
Plato has signed. And you:
Are you going to sign?

Your problem is that you must sign in the world
and keep shining,
your problem is that you must shine in the world
and keep signing.

Falsifying the signature, falsifying the world
and keep on shining.

Because the new species has swallowed your
brain
and disturbs a fair of rare bones.

They hijack your ship, they know your code,
and where it's written: "Imagination, My Child,"
they've made you write: "Imagination, My Sign,"

and where it's written *"Goodbye, fantasy of mine,"*
they've made you write "Goodbye, signature of mine"
but the most common is:
Could you please sign this?

"Sign here" is an endless number of stars
in the complexity of the night.

¿Es que el interno quiere saber más?
Se hace la niebla en el salón de firmas.
Definitivamente anochece.

Te dicen firma, informa, enferma
este rumor.
Una persona expira: ha puesto su firma.

Nada es posible ya. Firmó la India.
Firmó Platón. Y tú:
¿has ido a firma?

Tu problema es que debes firmar en el mundo
y seguir brillando,
tu problema es que debes brillar en el mundo
y seguir firmando.

Falsificar la firma, falsificar el mundo
y seguir brillando.

Porque la nueva especie te ha tragado
el cerebro
y alborota una feria de raros huesos.

Toman tu nave, saben tu clave,
y ahí donde está escrito: "Imaginación, Hija Mía",
te han llevado a escribir: "Imaginación, Firma Mía",

y ahí donde está escrito "*Adiós, fantasía mía*",
te han llevado a escribir "adiós, firma mía"
pero lo más común es:
¿Me firma?

"Me firma" es un sinfín de estrellas
en la complejidad de la noche.

The dead
this
that

Stars that have ceased to exist.

People who have stopped coming
and you have to ask the air
for their account.

There is no signature without hope or hope without a signature.
It's about the selling
of water eyes.

Pale human species,
the internee gives you
one last look.

Stars that have ceased to exist
are blinking, the shining internee speaks
stars that are needed for life.

Come give me light along the way,
return me to my school,
take me little by little to that brilliance...

From the new species that sprouted
from the signature table
comes an internee to see if under so much light
he is
forgiven
at last.

Los muertos
esto
aquello

Estrellas que han dejado de existir.

Personas que han dejado de venir
y hay que pedir
la cuenta al aire.

No hay firma sin esperanza ni esperanza sin firma.
Se trata de la venta
de ojos de agua.

Pálida especie humana,
el interno te da
una última ojeada.

Estrellas que han dejado de existir
parpadean, habla el interno brillante
estrellas que hacen falta por la vida.

Vengan, a darme luz por el camino,
devuélvanme a mi escuela,
llévenme poco a poco a aquel brillo…

De aquella nueva especie que brotara
de la mesa de firmas
vaya un interno a ver si en tanta luz
por fin
es
perdonado.

PREPARED

Forgive me if I kept watching you from a distance
under a microscope, only your wings
I have to touch, your *vocation of flight,*
the flutter that evokes you
once again.

Today I'm prepared and my audacity is greater,
I have to make you dance the *hanky-panky*
or *the Simon Game you have already
learned.*

Come, you can dance it only once.
Come, I'm sure you'll like it...

You were from a time when everything went by tram.
I waited downtown the "Coyoacán-Contreras"
and today I have found you again beside some track
that leads to the real High School.

This time, I'm going to get you on the road.
What they have told you about me, nothing is real.
It is not true that I crashed a Rambler American.
We are all stars.

Trustworthy Sierra Madre,
I will study your breasts:
profile of the universe.

You are crossed by a brave poem
that flames in your center
at the speed of light.

PREPARADO

Disculpa si a distancia te he seguido viendo
al microscopio, solamente tus alas
he de tocar, tu *vocación de vuelo,*
el aleteo que te vuelve
a evocar.

Hoy estoy preparado y es mayor mi osadía,
he de hacerte bailar el *hanky-panky*
o *el Juego de Simón has aprendido*
ya.

Ven, que puedes bailarlo una sola vez
Ven, que estoy seguro que te va a gustar…

Eras tú de aquel tiempo en que todo iba en tranvía.
Se esperaba en el centro el "Coyoacán-Contreras"
y hoy te he vuelto a encontrar por una cierta vía
que lleva a la Preparatoria de veras.

Esta vez, voy a sacarte a carretera.
Lo que te hayan dicho de mí, nada es real.
No es cierto que estrellé un Rambler American.
Estrellas somos todos.

Sierra Madre de fiar,
estudiaré tus senos:
perfil del universo.

Cruzada estás por un valiente poema
que en tu centro flamea
a la velocidad de la luz.

Understand that I keep looking at you under the microscope
and that's how I feel you closer when I kiss you.

We have made the Alameda more ours
by inhabiting it through all these years
towards eternity
from where a guard has returned
to nag us.

The *dream of love* often returns
under the "Hidden Beds" sign
without a police car that could reach us,
although now it fills us up
the ineffable sweetness
of its siren.

Of colors, there is no limit.

I'm going to leave it like that
because that's how simple it is tonight
in which your vertebral column
of air, of dream, of sweetness
is so much mine...

Like the reason that has me standing and today as then,
I know that you are called Karla,
please swear that the semester begins

and it's honey
and it's about to be made...

The watercolor class goes on.
And the teacher is Barbarita, come.

Comprende que te sigo mirando al microscopio
y es así que te siento más de cerca al besar.

Hemos hecho más nuestra la Alameda
habitándola todos estos años
hacia la eternidad
de donde un guardia ha regresado
a llamarnos la atención.

Seguido vuelve el *sueño de amor*
bajo el letrero de "Camas ocultas"
sin que nos de alcance esa patrulla,
aunque ahora nos llena
la dulzura inefable
de su sirena.

De colores, no hay límite.

Voy a dejarlo así
porque así de sencilla es esta noche
en que es tan mía tu columna
vertebral de aire,
de sueño, de dulzura…

Como el motivo que me tiene de pie y hoy como entonces,
sé que te estás llamando Karla,
júrame que comienza el semestre

y es de miel,
y está por hacer…

Continúa la clase de acuarela.
Y la maestra es Barbarita, ven.

She is still a character of "The Poli-Voices"
and Armando Manzanero is playing
"Yesterday I heard the rain."

Nobody believes that I came out from the darkest moment,
but from there I shout at you "Somos Novios."

No one believes you went to German letters,
that I came out of the "open",
I was studying your insertion point,
then they told us how to trace
the vanishing point
and nobody came back.

With time you became an idea.
The recovery of the world
in yellow.

The cities expanded and today I have a cake for you.
The angels fled, except me,
since I am from the third dimension.

Come and see the rose I got.
That of the rosary
of the old lady
of Aesthetics.

Its fragrance did not die
because you have to remember she said
it was from time ago,
from before the coming
of the Lord.

Es todavía un personaje de "Los Polivoces"
y Armando Manzanero está tocando
"Esta tarde vi llover".

Nadie crea que salí del momento más obscuro,
sino que desde ahí te grito "Somos Novios".

Nadie crea que te fuiste a Letras Alemanas,
que salí de la "abierta",
estudiaba tu punto de inserción,
luego dijeron cómo trazar
el punto de fuga
y nadie volvió.

Con el tiempo te volviste una idea.
La recuperación del mundo
en amarillo.

Las ciudades se ampliaron y hoy te tengo un pastel.
Los ángeles huyeron menos yo,
que soy de la tercera dimensión.

Ven a ver con qué rosa me quedé.
La del rosario aquel
de la viejita
de Estética.

Su fragancia no murió
porque te has de acordar que ella decía
que era de tiempo atrás,
de antes de la venida
del Señor.

You see, to upset her, the group's rascals asked her:
Which Lord?
Or worse: Which coming?

She is still hiding in some church
praying her rosary from before
the coming
of the Lord.

From a distance I keep watching you under a microscope,
everything is becoming small for me,
this is so, from before the Lord.

I think I got to fail in History of Art
and I lost you in the University.

This is so. History of Art
will shelter us, darkness will be
just a pretext
to be fair.

Like the dreams, the shames and the cloak
that make up the Emperor's
suit
I must have been born to the outside world

like your child, who cries
if you don't hold him.

Because I know you got married, and that was good for you.
I never took you to a hotel room.

I hope to frequent you in the values of the Kingdom.

Ya ves, por contrariarla los truhanes del grupo le decían:
¿Cuál Señor?
O peor aún: ¿Cuál venida?

Ella sigue escondida en alguna iglesia
rezando su Rosario de antes
de la venida
del Señor.

A distancia te sigo viendo al microscopio,
todo se me ha ido haciendo chiquito,
esto es así, desde antes del Señor.

Creo que llegué a volar historia del arte
y en la Universidad te perdí.

Esto es así. Nos cubrirá la historia
del arte, la obscuridad será
sólo un pretexto
para ponerse a mano.

Como los sueños, las vergüenzas y el manto
que componen el traje
del Emperador
he debido nacer al mundo exterior

como tu hijo, que llora
si no lo cargas.

Porque tú te casaste, yo sé, e hiciste bien.
Nunca llegué contigo a un cuarto de hotel.

Espero frecuentarte en los valores del Reino.

I have several murals in my consciousness
and a secret school transportation service.

I traced you among doubts, I took you by surprise,
my yesterday is stirring in your hands.

Come to me, that the years have turned me
King of Rome
and the signing of this total
landscape is needed.

Tengo varios murales en la conciencia
y un servicio secreto de transporte escolar.

Te dibujé en la duda, te tomé en la sorpresa,
entre tus manos se revuelve mi ayer.

Ven a mí, que los años me han vuelto
rey de Roma
y falta de firmar este paisaje
total.

CHANGE OF PLANS

Girlfriend of my youth, better not come back
because I have changed and that could hurt you.

I wouldn't want to blame
a car ride
near Satellite City

but you should know that years later
after I crashed the Rambler American

on a road in a place
called El Mirador
someone made love to me.

Many letters followed.

And I do not know if you've seen a movie
called *Gone With the Wind*
but my heart, that once beat for you, has already forgotten you.

I never took you to a hotel room,
instead I have you inside *in my blue of the sea*
and I do not know if someday I will find you again.

And because poetry is Noah's Ark,
please save me from all animals
I found

starting with me, since I ignored you
as I also ignored
Noah.

CAMBIO DE PLANES

Novia de adolescencia, mejor no vuelvas
porque he cambiado y te podría doler.

No quisiera echarle la culpa
a un aventón
ahí por Ciudad Satélite

pero debes saber que años más tarde
después de que estrellé el Rambler American

en una carretera en un lugar
llamado El Mirador
alguien me hizo el amor.

Siguieron muchas cartas.

Y no sé si habrás visto una película
llamada *Lo que el viento se llevó*
pero mi corazón, que un día latió por ti, ya te olvidó.

Jamás llegué contigo a un cuarto de hotel
sino te llevo dentro, *en mi azul del mar*
y no sé si algún día he de volverte a hallar.

Y porque la poesía es el Arca de Noé,
sálvame tú de todos los animales
que encontré

empezando por mí, que te desconocí
como también desconocí
a Noé.

The poor Noah that I don't even know
where he is now
but who was very good to me
and worked in a clothing store
near Isabel
la Católica.

And before time passed over me,
the morning that I ignored him,
I opened the Bible
randomly and in the middle,
and as a curse, I half read:
"If you do bad to the good one,
who will you do good to
or who will have to thank you
for a benefit?"

Girlfriend of my youth, if I told you…

But not with you,
it is with another person
that I'm entering
to a hotel room.

No, nobody knows who is going to pay,
"if the one who sins for the pay
or the one who pays to sin."
This time, not even Sor Juana can save me.

Girlfriend of my youth, on the road I lost
even the recorder
and today when I strangely bring your love
between my lips

Al pobre Noé que no sé
ni dónde anda
pero que fue muy bueno conmigo
y trabajaba en una tienda de ropa
ahí por Isabel
la Católica.

Y antes que el tiempo se me echara encima,
la mañana que lo desconocí,
la Biblia
al azar y por en medio, abrí,
y como maleficio, medio leí:
"Si al bueno le haces mal
¿A quién le harás bien
o quién tendrá que agradecerte
un beneficio?"

Novia de adolescencia, si te contara…

Pero contigo no,
es con otra persona
que voy llegando
a un cuarto de hotel.

No, no se sabe quién va a pagar,
"si el que peca por la paga
o el que paga por pecar".
Esta vez ni Sor Juana me puede salvar.

Novia de adolescencia, yo perdí en el camino
hasta la grabadora
y hoy que traigo de extraño tu amor
entre mis labios

I'm going fearfully to enter a hotel room
with an inclement being
who does not have mother

where I bring wrapped dark nights
like the night when I finally lost
all that shines or looks like
a bracelet

where a mysterious alarm clock
was a little reminder
that time
passes by

and to which simply, I do not believe anything.

I know it's going to require treatment.
An illusion of multiple stars
or maybe it will be cured with a sun like yours,

an immense, unlimited caress
that brings us back to the art of loving,
as in those student days
when we were asked to read that book
The Art of Loving.

And you all went roaring to buy it
believing that it would show the positions
of the *Kama Sutra*, but when you saw
it wasn't so, you were intimidated
and gave it to me.
To me!

Then I filled myself with the arts of loving.

voy a entrar temeroso a un cuarto de hotel
con un ser inclemente
que no tiene madre

en donde traigo envueltas noches obscuras
como la noche en que perdí por fin
todo lo que brillara o pareciera
una esclava

en donde un misterioso despertador
me ha recordado un poco
que el tiempo
pasa

y al cual sencillamente, no le creo nada.

Sé que va a requerir un tratamiento.
Una ilusión de múltiples estrellas
o tal vez se curará con un sol como el tuyo,

una caricia inmensa, ilimitada
que nos devuelva al arte de amar,
como en aquellos días de estudiante
que nos dejaron leer ese libro
El arte de amar.

Y de calientes fueron ustedes a comprarlo
creyendo que traería las posiciones
del *Kama Sutra*, y cuando vieron
que no, se amilanaron
y me lo regalaron.
¡A mí!

Entonces me llené de artes de amar.

And now that I'm entering into a hotel room
and it is not clear who is going to pay
I no longer believe in the theory of deep waters.
Today when the sea strikes back
I want to know what happened
to the art of loving.

Cause my partner demands and does not give anything away.
He has given me, it is true, something of a bed.
And today unfortunately he is going to charge me everything,
even the most insolent art of loving, if in spite
of the oil and caresses and Viagra
…I don't get an erection..!

Y ahora que voy llegando a un cuarto de hotel
y no se sabe bien quién ha de pagar
ya no creo en la teoría de las aguas profundas.
Hoy que el mar contra ataca
quiero saber qué fue
del arte de amar.

Pues mi pareja exige y no regala nada.
Me ha regalado, es cierto, algo de cama.
Y hoy por desgracia va a cobrármelo todo,
hasta el más insolente arte de amar, si a pesar
del aceite y las caricias y el Viagra
…¡no se me para…!

WHAT DOES THE OLD LADY
OF AESTHETICS SAY?

It's about a shard of glass inserted
between her eye and her mouth

it's about a bottle that exploded
when she was mistakenly passing by

it's similar to the fact
of how easy it is
to fall into a mistake.

Old lady of the things of life.

Deciphering: the color
that it is supposed
Dante attributed
to the
sun
uses brown with the inner beauty
of the retardation,
or: the last hue of hell
– that Ferreiro color.–

That teacher,
do you know what she says?

Don't worry
if
I come back.

¿LA VIEJITA DE ESTÉTICA QUÉ DICE?

Es sobre un vidrio que se le encajó
entre el ojo y la boca

es sobre una botella que le estalló
al pasar por error

es parecido al hecho
de lo fácil que es
caer en el error.

Viejita de las cosas de la vida.

Descifrando: el color
que se supone
que Dante atribuyera
al
sol
utiliza el marrón con la belleza interior
de la retardación,
o bien: el último tono del infierno
– aquel color Ferreiro –.

Esa maestra,
¿saben lo que dice?

No se apuren
si
vuelvo.

IV.

WIND'S THEME

TEMA DEL VIENTO

People in aged frescoes
Silently live forever
Silently die and leave.

BEI DAO

Gente en frescos añejados
Silenciosamente vive para siempre
Silenciosamente muere y se va.

BEI DAO

NAMING YOU

I leave October.
You are there, suddenly in Extremadura...
I know you also come from the Callejón del Diablo.

You split me: one of those moments
in which the afternoon insists

and for one more day
the blindfold is being removed.

But it's not from today the wind
that proposes you close
to my eyes.

It's from that lair
where the sea
ends

where you are watching me
from shy phosphorescent
beaches.

I wonder how long you've been here.
And if I've really started talking to you
touching you from before,

while saying without knowing you I want
to be friend of your hands,
to enjoy myself in your smile, see beside you.

PONERTE NOMBRE

Salgo de Octubre.
Estás ahí, tan súbita en Extremadura…
Sé que vienes también del Callejón del Diablo.

Me partes: uno de esos momentos
en que la tarde insiste

y un día más
se va quitando la venda.

Pero no es de hoy el viento
que te propone cerca
de mis ojos.

Es de aquella guarida
en donde acaba
el mar

donde me estás mirando
desde tímidas playas
fosforescentes.

Dudaba desde cuándo estás aquí.
Y si en verdad he comenzado a hablarte
a tocarte desde antes,

mientras decía sin conocerte quiero
ser amigo de tus manos,
gozarme en tu sonrisa, ver junto a ti.

I'm going to take you a little by the twilight wing.
I'll reveal you completely.
We'll go far away. I'll give you name and date,
and throw human dust on you.
Nobody will say it was just a ride in a car:
it was your bountiful way of looking.

I wanted to know everything about this mud

because it was raining…

Voy a tomarte un poco del ala del crepúsculo.
Revelarte del todo.
Iremos lejos. Te pondré nombre y fecha,
te pondré talco humano.
Nadie dirá que fue un aventón:
fue tu abundante forma de mirar.

Quise saberlo todo de este barro

porque llovía…

JOURNEY TO THE CENTER OF THE TABLE

I returned from your name
with a slice of sun in my hands.
MININA RODRÍGUEZ

The list of things does not end.
It flies in a moment to the starting point
and the starting point is the moment.

From highness it goes to highness:
it names, strengthens the appointment, tends to climb,
throws a rope, plays in the Nezahualcóyotl Hall

and on this concert gala night
we will have to shake off nostalgia:
your name is on the list of things.

You will come in soft wind instruments,
I will touch you insistently in the hall.
I'm going to rebuild your life in the distance,
summer is approaching and makes an accomplice of you.

I know I'm going to nail myself to your pupils
and I will collapse in a tuba
with the emotion of a rock nail.

I will reach your deep glacier lakes,
I'll go by your slopes, by your rapids,
by the inclined plane of the last autumn

…spent by us at school.
Aloud, drums, say at once
why we were punished in English!

VIAJE AL CENTRO DE LA MESA

Yo regresaba de tu nombre
con un gajo de sol entre las manos.
MININA RODRÍGUEZ

No termina la lista de las cosas.
Vuela un instante al punto de partida
y el punto de partida es el instante.

De las alturas va, a las alturas:
nombra, afianza la cita, tiende a escalar,
echa una soga, toca en la Sala Nezahualcóyotl

y esta noche de gala de concierto
habrá que sacudirse la nostalgia:
tu nombre está en la lista de las cosas.

Vendrás en suaves instrumentos de viento,
te tocaré en la sala con insistencia.
Voy a rehacer tu vida en lejanías,
se aproxima el verano y te hace su cómplice.

Sé que voy a clavarme en tus pupilas
y me desplomaré en una tuba
con la emoción de un clavo de roca.

Llegaré hasta tus hondos lagos glaciares,
iré por tus pendientes, por tus rápidos.
por el plano inclinado del otoño pasado

...que se nos fue en escuela.
¡Fuerte, tambores, digan de una vez
por qué nos castigaron en inglés!

The account of the notes does not end,
What has not bought my generation?
– fierce fiends of the moving corridor –

– hard neck of the escalator –
and you going up there forever
and I'm behind you, coming

from the other building. Because you were
in high school three. What do you think?
How much did you want from me? Without-fifty pesos?

It was paying for your extraordinary examination
but I didn't pay, and you didn't sign me up
in your beautiful list of things.

I just failed on loans,
but failures are the trampoline
to successes.

I put you deep into my luggage,
I took you away, to a white rooftop,
where I spied on you, I died, I resurrected

and today I triumphantly take you in the overture
"Academic Festival." You go a little higher.
I don't know. Should I elevate myself?

One has to take a cableway to see you?

I have chased you in the canopy of the symphonic
poem, I know you're the preludes,
I know you've been the night in motion.

No termina la cuenta de las notas,
qué no ha comprado mi generación
– bravos engendros del pasillo móvil –

– dura cerviz de la escalera eléctrica –
y tú subiendo para siempre ahí
y yo detrás de ti, viniendo

desde el otro edificio. Porque tú ibas
en la prepa tres. ¿Qué tú crees?
¿Cuánto querías de mí?, ¿Sin cuenta pesos?

Era pagar tu extraordinario
pero no te los di, no me inscribiste
en tu preciosa lista de las cosas.

Sólo fallé en empréstitos,
mas los fracasos son el trampolín
de los éxitos.

Yo te metí de lleno en mi equipaje,
te llevé lejos, a una blanca azotea,
donde te espié, morí, resucité

y hoy te tomo triunfal en la obertura
"Festival Académico". Vas algo arriba.
No sé. ¿Quizá deba elevarme?

¿Para verte se toma un teleférico?

Te he seguido en la fronda del poema
sinfónico, sé que eres los preludios,
sé que has sido la noche en movimiento.

The bald *night on bald mountain*:
trains at any hour.

I am inside you, finally.
I make you talk, I make you talk
and many sayings come from you.

I'm going to tell you even though you're music,
you highlight my list of things

and I'll take you to have dinner
because my night begins in the Alps,
upon arriving at a sweet place

where I will activate you–in the gazed–
and a reserved table
is waiting for us.

Crossing demands rope, a fixed rope.
A rope that has no beginning or ending.
I don't think the Federal District is chasing us.

The hand that made the eye that looks at me
will correct the drift of my dream.
It will wash the crystals.

Once finished, the mutter of the presentations
beyond the stupid smile
know that I'm inside you.

What I want is to touch your Historic downtown.
In the night of us all,
watch you in a deep dish.

La árida *noche en la árida montaña*:
trenes a toda hora.

Estoy en ti, por fin.
Te hago hablar, te hago hablar
y te salen muchos dichos.

Voy a decirte aunque eres música,
das realce a mi lista de las cosas

y te voy a llevar a cenar
porque mi noche inicia en Los Alpes,
al arribar a un dulce lugar

donde te activaré –en la mirada–
y nos espera mesa
reservada.

Travesía quiere cuerda, y cuerda fija.
La cuerda que no tiene principio ni final.
No creo que nos persiga el Distrito Federal.

La mano que hizo el ojo que me mira
corregirá el rumbo de mi sueño.
Limpiará los cristales.

Acabado el rumor de las presentaciones
más allá de la estúpida sonrisa
saberme en ti.

Lo que quiero es tocar tu centro Histórico.
En la noche de todos
verte en plato hondo.

Tonight I want to be your regent of the table,
your manager of table
and nightstand, and be the center of the table.

Tonight I want to be your poet for sure,
he who can read in the coffee
your future.

But when I think of you, I've gotten sick.
Before I can talk to you face-to-face
or I can reach to touch you to the full extent

you've started to burn in me on Sunday.
I ask for permission and I go out to look for salt of grapes.
Alone I'm going to ingest your keepsake.

I have apologized to the audience:
from highness I go to highness
but I must heal the heartburn annoyance.

The center of the table is the experience.
The center of the most precious foods.
I have apologized to the audience
and I have started to clear my doubts.

Such is the list of things:
it's needed
to add Salt of Grapes.

Quiero ser esta noche tu regente de mesa,
    tu gerente de mesa
y de mesa de noche y centro de la mesa.

Quiero ser esta noche tu poeta seguro,
    aquél que sabe leer en el café
        tu futuro.

Pero al pensar en ti, me he puesto mal.
    Antes que pueda hablarte de frente
        o te alcance a tocar enteramente

has comenzado a arderme en domingo.
    Pido permiso y voy por sal de uvas.
    Voy a tomarme a solas tu recuerdo.

Me he disculpado con la concurrencia:
    de las alturas voy a las alturas
        pero debo curarme las agruras.

El centro de la mesa es la experiencia.
El centro de las viandas más preciosas.
Me he disculpado con la concurrencia
    y he comenzado a salir de dudas.

    Así es la lista de las cosas:
        se necesita
        añadir Sal de Uvas.

CERRO BRUJO EL PENSAMIENTO

Knowing nothing but living
is being alone with Death.
CERNUDA

The afternoon nostalgia has begun to arrive.
It's summer, I feel it.
Heat is the key where your memory burns
and thought is sorcery.

Thought is nothing more than a place
where I saw you coming from an excursion
and I said: can I take a snapshot of you?
Thought is the magic that I now summon:

That he gave me the snapshot, he gave me the snapshot!

He was like death itself but years younger
and his path shuddered by Al Andalus.

The afternoon nostalgia has begun to arrive.
It's a little windy
and considering the light I have at hand now,
it's summer. I feel it.

Beloved, you were the heaven in which I trusted,
the place where I made you mine is El Pensamiento.
We contemplated the sky that holds the blue
of a first God.
You also came from Greece, I think.

Something in your eyes is what it was,
now at the end it seems to me
melancholy.

CERRO BRUJO EL PENSAMIENTO

Sabiendo nada más que vivir
es estar a solas con la muerte.
CERNUDA

Ha empezado a llegar nostalgia de la tarde.
Es verano, lo siento.
El calor es la clave donde arde tu recuerdo
y es brujo el pensamiento.

El pensamiento no es más que un lugar
en que te vi llegando de una excursión
y dije: ¿puedo tomarte una foto?
El pensamiento es magia con que ahora evoco:

¡De que me dio la foto, me dio la foto!

Era la muerte misma con menos años
y su camino se estremecía en Al Andaluz.

Ha empezado a llegar nostalgia de la tarde.
Hace un poco de viento
y por la luz que ahora tengo a la mano
es verano. Lo siento.

Amor que fuiste el cielo en que confío,
El Pensamiento es el lugar en el que yo te hice mío.
Contemplamos el cielo que retiene el azul
de un primer Dios.
También venías de Grecia, yo creo.

Algo en tus ojos es lo que había,
ahora termina por parecerme
melancolía.

Cerro Brujo, El Pensamiento, as they now
call this place
of a color like deterioration
or the tartar of the teeth.
A surrender, a deserving.
A sky and a land.
Joy is white and black.

The afternoon nostalgia has begun to arrive.
Can you feel it?
From that old abandoned house
where I undress you

or better, I address you.
I'm arriving to the moment you changed
your harmless eyebrow piercing
for a black earring.

Pensamiento, living region
where the sky returns to marry the land.
Cerro Brujo, region of the falling sun, vegetation
that encloses us in a human lifespan.
Sorcery, rebellion.
Cave of perverted sunsets
that before fleeing intertwine
when night falls
to turn us into giants.

I became poisonous inside you. I fermented.

At Cerro Brujo, I'm close to the minute
when you changed by me, the animal world.
I stop, you beckon me,
and the moments are black pearls.

Cerro Brujo hoy el Pensamiento
llaman a este lugar
de un color parecido al deterioro
o sarro de los dientes.
Un darse, un merecerse.
Un cielo y una tierra.
La alegría es blanca y negra.

Ha empezado a llegar nostalgia de la tarde.
¿Lo sientes?
De aquella vieja casa abandonada
donde yo te desnudo

o mejor, te reanudo.
Voy llegando al momento en que cambiaste
tu inofensivo piercing de la ceja
por un arete negro.

Pensamiento, viva región
en donde el cielo vuelve a casarse con la tierra.
Cerro Brujo, región de sol cayendo, vegetación
que entre la vida humana nos encierra.
Brujería, rebelión.
Cueva de atardeceres aviesos
que antes de huir se enredan
al hacerse de noche
y volvernos gigantes.

Llegué a ser venenoso en tu interior. Fermenté.

En Cerro Brujo ya me acerco al minuto
en que cambiaste por mí, el mundo animal.
Yo me detengo, tú me haces señas,
y los momentos son perlas negras.

At Cerro Brujo, I talk about rain,
of excitements that I tried on you from the mouth
or roof of the palate.

In the place today called El Pensamiento.
In the best that the planet has
to understand the history class,
to set fire to its messianic wave
or titanic glorious fate.

With air, with flair,
I sang to you the melody of Rome:
"pigeon or hawk."

I've put my middle age in your hands
and I'll keep marching
toward the Renaissance
to build you a brownstone house.

Upon returning, the world will be a marketplace.

Meanwhile, take your flower
and because they won't say
we were vandals in love,
when in the world both of us are avoided,
you'll go back to your hut and I to my asteroid.

En Cerro Brujo hablo de lluvia,
de excitaciones que probé contigo desde la boca
o cielo del paladar.

En el lugar que es hoy el Pensamiento.
En lo mejor que tiene el planeta
para entender la clase de historia,
para incendiar su onda mesiánica
o titánica gloria.

Con aire, con donaire,
yo te canté al oído la melodía de Roma:
"gavilán o paloma".

He puesto entre tus manos mi edad media
y seguiré marchando
hacia el renacimiento
para construirte casa en marrón.

Al regresar, el mundo estará hecho un mercado.

En tanto ten tu flor
y porque no se diga que
en amor fuimos vándalos,
cuando el mundo nos odie,
volverás a tu choza y yo a mi asteroide.

WIND'S THEME

The one who acts is always another.

Selfish eagerness at the endless startle,
weird theater of modesty,
mystery in which I have seen myself,
I un-skinned myself.

I believe in the wind that swiftly transports
to infinity my terrible faith.
To it, my clothes.

The funeral march on the blue…

The upsetting of sex that gets us,
white rosary of bones
with which it prays,
creaks, inflaming, arousing,

arriving on time for the party.

TEMA DEL VIENTO

Quien actúa siempre es otro.

Porfiado afán en el sin fin del sobresalto,
raro teatro del pudor,
misterio en que me he visto,
me he des visto.

Creo en el viento que veloz transporta
al infinito, mi terrible fe.
Para él mis ropajes.

La marcha fúnebre sobre el azul...

El conturbar del sexo que atrapa,
rosario blanco de huesos
con los que reza,
cruje, inflama, despierta,

llega a tiempo a la fiesta.

COOPERATIVE

The hour is finished and we walk
to the cooperative.

I am the new robot,
I print, I buy, I think at intervals.

— Don't you have change for me?
Of face.

If it makes me sick, I start to get old
and it's not feeding, it's just like leaving.

The future does not cooperate
— And you, does it cooperate with you?
You're coming well from behind.

You pile up energy.
It's good that you like to queue.
You will arrive.

They will take you to the deck,
for now I receive your electric
current.

A buddy or a prefect?
I do not know who I am,
maybe an alternating current potential
even bigger...

Buddy or prefect? Just a transformer.

COOPERATIVA

Acaba la hora y vamos
a la cooperativa.

Soy el nuevo robot,
imprimo, compro, pienso a intervalos.

— ¿No tiene que me cambie?
De cara.

Si me hace mal, empiezo a envejecer
y no es comida, es como ida.

No coopera el mañana
— ¿Y a ti, te coopera?
Vas bien de atrás.

Compendias energía.
Está bien que te guste hacer cola,
llegarás.

Te subirán a cubierta,
por lo pronto recibo tu corriente
eléctrica.

¿Compañero o prefecto?
No sé quién soy,
quizás un potencial de corriente alterna
mayor aún…

¿Compañero o prefecto? Sólo un transformador.

A cartridge fuse
connected to the primary circuit
and nothing more.

You cannot stand anything, Edison-type little plug.

I will survive, I will survive
to the electric rigidity
test.

I'm already giving you something spicy.

It's fine, everything is welcomed today,
being provided
it has ground connection.

Your soda increases a thirst
of general concepts
that I start to satiate on your vital mountain range.

On your planet I am
the delivery of the million,
I will filter myself through any of your five senses.

But it's everything for today, dusk is coming.
The shining internee returns to the convent.
Engine, inspiration, cooperative of mine!

— I'm leaving, because I live far away.

Fusible de cartucho
conectado al circuito primario
y nada más.

Qué me duras, clavijita tipo Edison.

Sobreviviré, sí sobreviviré
a la prueba de rigidez
eléctrica.

Ya te estoy disparando algo con chile.

Vamos bien, hoy todo es aceptable,
está provisto
de conexión a tierra.

Tu refresco incrementa una sed
de conceptos generales
que comienzo a saciar en tu vital cordillera.

En tu planeta soy
la entrega del millón,
me filtraré en cualquiera de tus cinco sentidos.

Pero por hoy es todo, atardece.
El interno brillante vuelve al convento.
¡Motor, inspiración, cooperativa mía!

— Me voy, porque vivo lejos.

LIVING PARTS

Insert your hand in the fullness of human life.
GOETHE

In electricity they made me
suffer a shock
to laugh at me.

You'll be teacher for a day
to the new internees,
they said.

Behave according to circumstances!

But first, turn this around...

Spinning a crank
I woke up to the current
and laughter arose spontaneously.

It was like sad silver
coming
from the ruin of the sun.

Stainless steel elegance
visited my parts.
Overload! Fire!

Rebellion in the living parts.

All the wiring
extends *The Motives of the Wolf*
behind the twilight.

PARTES VIVAS

Meted la mano en plena vida humana.
GOETHE

En electricidad me hicieron
sufrir una descarga
para reír de mí.

Maestro por un día vas a ser
a los de nuevo ingreso,
dijeron.

¡Estáte a la altura!

Pero antes, dale vuelta…

Dando vueltas a una manivela
desperté a la corriente
y la risa surgió espontáneamente.

Fue como plata triste
derivada
de la ruina del sol.

Elegancias de acero inoxidable,
visitaron mis partes
¡Sobrecarga!, ¡Fuego!

Rebelión en las partes vivas.

Todo el cableado
extiende *Los motivos del lobo*
a espaldas del crepúsculo.

Naughty wiring diagram,
hard alloy based on eyes.

Teen legs crisscrossing
under the skirts, they know
I am single.

How skillfully they take their notes,
like saying prepare, aim, fire.

And they turn me into an electric workshop.
An old sea wolf and I even forget
that I work here,

industrializing conflicts...

A pupil interrogates me: "Are you a Father?"
And I answer her: *Padrísimo*!
Maybe I am a living part of the Church.

Blued steel that finished with
a Damn Sister.

Atrevido diagrama de alambrado,
dura aleación a base de ojos.

Piernas adolescentes que se entrecruzan
bajo las faldas, saben
que soy soltero.

Con qué destreza toman sus apuntes,
como decir preparen, apunten, fuego.

Y me vuelven taller de electricidad.
Viejo lobo de mar y hasta me olvido
que trabajo aquí,

en industrializadora de conflictos…

Una pupila me interroga: "¿Es Padre?"
Y respondo: "¡Padrísimo!"
Tal vez soy parte viva de la Iglesia.

Acero pavonado que acabó con
Sor Presa.

MY TRUE STONE

With what I have of you
this afternoon I'll get
my magnet stone.

I will take it everywhere,
it's exact time and it's worth
always more than truth.

It is like your portrait in my wallet
but loudly: it's a statement
of happiness in my life.

And I'll tell you: look how it feeds,
hey, look how it's alive.

No stone ever so well found
between the cathedrals,
made from your nearest moments
and heavy rock.

Someone from the times of Prometheus
saved himself from the Deluge, and threw it in your eyes.
High voltage, and I do not change it for anything.

A direct proof of the thousand and one nights,
I know they're going to ask me for it, to ask me how much
it's worth, along with my secret…

They know it's a key that opens
the safe of the soul.
But I'll keep it in the parties.

The sea and only the sea will be able to wash it forever.

MI VERDADERA PIEDRA

Esta misma tarde obtendré
con lo que tengo de ti
mi piedra imán.

La llevaré a todos lados,
es hora exacta y vale
siempre más que la verdad.

Viene a ser tu retrato en mi cartera
pero de viva voz: es la sentencia
de la felicidad de mi vida.

Y te voy a decir: mira cómo come,
oye, mira cómo está viva.

Nunca, ninguna piedra tan bien hallada
entre las catedrales,
hecha de tus momentos cerca
y el rock pesado.

Alguien que por los tiempos de Prometeo
se salvó del diluvio, la arrojó en tu mirada.
Alta tensión y no la cambio por nada.

Una prueba directa de las mil y una noches,
sé que van a pedírmela, a decirme que cuánto
con todo y mi secreto me vale…

Saben que es una llave que abre
la caja fuerte del alma.
Pero la guardaré en las tocadas.

El mar y sólo el mar podrá por siempre lavarla.

GUALBERTO'S FATHER

Gualberto's father was a good man.
When he tried to fix the world
he suggested setting up the hut.

In the hangar of the sun we raise the hut.
We exploit the faith of our parents,
those terrible mining engineers

who flew to God
but invented hardened
clay.

Every minute it comes out from the chimney
a tremendous puff of gray
smoke.

And although there are words that go through a pipe,
with the smoke outlet, for example
the precise word, the word today...

midday hardens them,
and turns them into joists of reinforced
concrete.

The word is even more, the fake gold,
as Gualberto's father repeated,
"the word is also *the house of being.*"

Some of them, as the word Love, are
a pending subject,
because at dusk
we'll be examined on it.

EL PAPÁ DE GUALBERTO

El papá de Gualberto fue un hombre bueno.
Cuando trataba de componer el mundo
sugería alzar la choza.

En el hangar del sol alzamos la choza.
Explotamos la fe de nuestros padres,
esos terribles ingenieros de minas

que volaron a Dios
mas inventaron barro
cocido.

Cada minuto sale por la chimenea
tremenda bocanada de humo
gris.

Y aunque hay palabras que se van por un tubo,
con la salida de humos, por ejemplo
la palabra precisa, la palabra hoy...

el mediodía las endurece,
y las vuelve viguetas de cemento
armado.

La palabra es aún más, el falso dorado,
cual repetía el papá de Gualberto,
"la palabra es también *la casa del ser*".

Algunas, como la palabra Amor son
asignatura pendiente,
porque al caer la tarde
seremos examinados en ella.

Others, when they are asked for, increase,
as the word
Faith.

It is beautiful to raise the hut,
Oh, Gualberto's father!
Deep interiors, adequate,
and hollow bricks, single and double
to put on the breath.

Roentgen saw it shine inside a tube
that he wrapped in black paper.
What a hut of Roentgen, the Roentgenium.

Some kind of lightning he saw in the hut
when fluorescing the glass,
as after that, the hand of his wife

which he exposed to the tube
and on revealing, it showed the bone structure
and the silhouette of her golden ring.

It would have been impossible to achieve it
without the hut next door:
we all look for that,
the glow of the hut next door.

As well as the words for the hut:
not knowing where they came from
Roentgen called his rays, X rays.

Years ago, in Africa,
the tribes that inhabited the mountains
were forced to go down

Otras, si se piden, aumentan,
como la palabra
Fe.

Bello es alzar la choza,
¡Oh papá de Gualberto!
Interiores profundos, adecuados,
y ladrillos huecos, sencillos y dobles
que ponerle al aliento.

Roentgen la vio brillar dentro de un tubo
que envolvió en papel negro.
Vaya choza de Roentgen, el Roentgenio.

Algún tipo de rayo vio en la choza
haciendo fluorescer los cristales,
como después, la mano de su esposa

la cual expuso al tubo
y al revelarla mostró la estructura ósea
y la silueta de su alianza de oro.

Habría sido imposible de lograrlo
sin la choza de junto:
todos buscamos eso,
el resplandor de la choza de junto.

Como también palabras para la choza:
al ignorar de dónde venían,
Roentgen llamó a sus rayos, rayos equis.

Años atrás, en África,
las tribus que habitaron las montañas
se vieron obligadas a bajar

to the yellow space of the valleys
and fortunately
they raised the hut.
Today they seem to laugh, like then.

Rows of teeth laugh in the clay
of the Tunisia *ghorfas*.

Oh, Gualberto's father!
If they passed you a list through decades,
you are very much like nostalgia.

And more noble than your beloved model Heidegger.

Once I had you on the armchair of my house,
where after that
– fresh atmosphere –
your son became a blue bird.

With that peak of win-win
or merely the desire
to win.

Only thirst makes us go down the mountain
only the thirst
for words.

The word is the sun that has fertilized the fields.

Please don't leave this world, Gualberto,
before I give you a hug.
Building the hut is modeling the sand,
it is to count myself in the assembly
among the guests at this Dinner.
What your father said was:

al espacio amarillo de los valles
y afortunadamente
alzaron la choza.
Hoy parece que ríen, como entonces.

Ríen hileras de dientes en el barro
de las *ghorfas* en Túnez.

¡Oh, papá de Gualberto!
Si te pasaron lista a través de décadas,
eres muy parecido a la nostalgia.

Y más noble que tu amado modelo Heidegger.

Alguna vez te tuve en el sillón de mi casa,
donde después
– atmósfera fresca –
tu hijo fue un pájaro azul.

Con ese pico de ganar ganar
o eran más bien las ganas
de ganar.

Sólo la sed nos hace bajar de la montaña
sólo la sed
de palabras.

La palabra es el sol que ha fecundado los campos.

Sin que te dé tu abrazo no te vayas
Gualberto, de este mundo.
Construir la choza es modelar la arena,
es contarme a mí mismo en la asamblea
entre los invitados a esta Cena.
Lo que dijo tu padre fue:

Do not believe in the word of a pirate.
He longs for the bay as his only hut,
and a shallow and sandy isthmus, to come back
to the mainland.

Words move mountains between the Tigris
and the Euphrates, a skeleton is formed,
the one of humanity who worships the sun...

Before leaving this world, Gualberto,
I, who did not raise the hut,
but shook your father's hand,
I want, by the incandescent breath
that fluoresces the crystals,
and by the X rays or by the broken bones, to see and
listen
to your Word.

No creas en la palabra del pirata.
Por toda choza anhela él la bahía
y por un istmo bajo y arenoso volver
a tierra firme.

Las palabras mueven montañas entre el Tigris
y el Éufrates, se forma un esqueleto,
el de la humanidad, que adora al sol...

Antes de abandonar este mundo, Gualberto,
yo, que no alcé la choza,
pero estreché la mano de tu padre,
quiero por el aliento incandescente
que hace fluorescer los cristales,
y por los rayos equis o por los huesos rotos, ver y
oír
tu Palabra.

THE WORD IS THE SUN

The word is the sun that has gilded the fields.
The word is the sun, he is the ruler
of created beings,
he gathers himself
with his own fist
and masturbates with his hand...

He pours his cum in the mouth,
he throws out other gods.

He shudders,
through his only eye starts to cry

and his tears are like the cause
of humanity.

Not to Elohim the devil,
but to Elohim the breath,
raise the hut.

And your bones will shine!

LA PALABRA ES EL SOL

La palabra es el sol que ha dorado los campos.
La palabra es el sol, es el regente
de los seres creados,
se une a sí mismo
con su propio puño
y se masturba con su mano…

Echa su semen en la boca,
arroja otros dioses.

Se estremece,
por su único ojo rompe a llorar

y sus lágrimas son como la causa
de la humanidad.

No a Elohim el demonio,
a Elohim el aliento,
haz la choza.

¡Y resplandecerá tu osamenta!

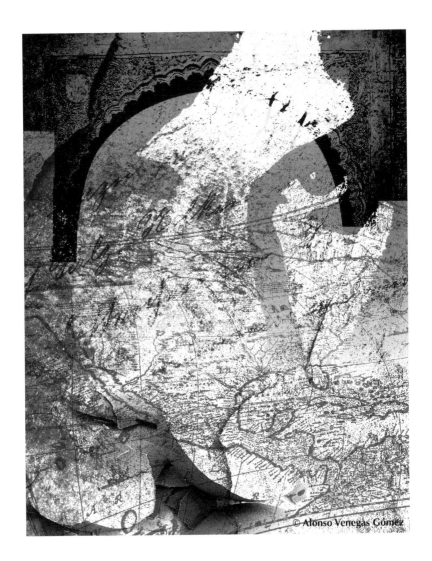

© Alonso Venegas Gómez

V.

THE REPORT BOOK

EL LIBRO DE REPORTES

**To the poet Virgilio Torres Hernández
from that High School No. 4
that will not come back**

Al poeta Virgilio Torres Hernández
desde esa Secundaria 4
que no volverá

REPORT OF THE AMAZED EYES

Refuge of working hours:
the history
is in the report book.

Refuge of working hours and signatures, it's made
of a personal file,
degree, group

and a homework with lines such as I am
or *I am*, in English
it's the same.

Shell of words
that once broken are
names and facts, and that one day were eggs.

It is black letter, sum of portraits
and it says: everything started around
a potion.

It was because of fighting at the queue.
Entering to the matter
without material.

He slowly got his amazed eyes
until one day he exploded:
he became a volcano of erupting gazes.

He served an altar.
Old gold: Kings' divine origin.
At times he brings the rush of Lupe to talk.

REPORTE DE LOS OJOS ASOMBRADOS

Refugio de horas hábiles:
la historia
está en el libro de reportes.

Refugio de horas hábiles y firmas, consta
de ficha personal,
grado, grupo

y de tarea con líneas de yo soy
o yo estoy, que en inglés
da lo mismo.

Cascarón de palabras
que al estrellarse son
nombres y hechos, que algún día fueron huevos.

Es letra negra, suma de retratos
y dice: todo fue alrededor
de un bebedizo.

Fue por causa de pelear en filas.
De entrar a la materia
sin material.

Se fue haciendo de ojos asombrados
para un día estallar:
fue volcán de miradas en erupción.

Sirvió para un altar.
Oro viejo: origen divino de los Reyes.
Trae a ratos el ímpetu de Lupe para hablar.

The bitter alphabet of some schoolgirls.
All spider legs. Confidences.
A little joy that did not pass
through the Bering Strait.

Gentle land where we shout: Present!
Coming from the Treasure Island,
victims of the San Andrés fault,
of days which form, when falling down,
an abbreviated method of commemorative
painting of eyes
and hands!

El alfabeto amargo de ciertas colegialas.
Puras patas de araña. Confidencias.
Un poco de alegría que no pasó
por el estrecho de Bering.

Tierra cordial donde gritamos: ¡Presente!
Viniendo de la isla del tesoro,
víctimas de la falla de San Andrés,
de días, que van formando, al caer
un método abreviado de pintura
conmemorativa de ojos
¡y manos!

REPORT OF THE POSSIBILITIES OF COAL

A firm stroke of one of the many
possibilities of coal.

It brings the beings to scale, bigger
than they would become
in later plans.

Its abscissa is a distant point.
It is a lesser that is distracted.
It is a greater that is destroyed.
It is Mejía, who does not bring the book.

And its ordinate is disordered.
Everyone in their little hastily
staggers in the report book.

Who did not tell Borja how well you are!
Contemplating the finest way of being:
the well-being.

Garza Chávez would have buried by now
his list number
and he's being said: Chávez or not Chávez?

Which is, in a purer language: Do you understand
or not?, which is to say in Christian:
Do you sell or not?

I want to say the numbers out loud.
Mendoza, mendorses me,
Mendoza is half the square of a number.

REPORTE DE LAS POSIBILIDADES DEL CARBÓN

Trazo firme de una de las tantas
posibilidades del carbón.

A escala trae los seres, más grandes
de lo que llegarían a ser
en planos posteriores.

Su abscisa es punto lejano.
Es un menor que está distraído.
Es un mayor que está destruido.
Es un Mejía, que no trae el libro.

Y su ordenada, es desordenada.
Cada uno en su pequeño estar de prisa
se tambalea en el libro de reportes.

Quién no le dijo a Borja ¡qué buena estás!
Contemplando la forma más fina de estar:
el bien estar.

Garza Chávez habrá enterrado ya
su número de lista
y le estarán diciendo: ¿Chávez o no Chávez?

Que es, en más puro idioma: entiendes
o no entiendes, y al decirlo en cristiano:
¿vendes o no vendes?

Quiero decir los números en voz alta.
Mendoza, me endosa,
Mendoza es la mitad del cuadrado de un número.

Zurita is the shortest distance between two points:
the beautiful and the distant. Jano: the first in line.

Pre-Socratic-Hernández.
Anita thinks he's coming from the air.
He does not believe in *Reader's Digest*.

As in primary school, the height is the measure of all things,
she brings small grid
and *Big Soul*.

Better than anyone
Freire thought he was
so he does not bring school supplies.

Garza wakes up about to be
killed by Brutus
but he is saved by a Warlock.

Something against the stream:
the Water Commission awaits
to "pichojos".

Everyone seeks Refugio
against Guerra
but Refugio y Guerra
is just one.

Lucha scratches herself,
knowledge is a scab.

Dulce handles the most dangerous of the assets:
the spoken word.

Zurita la distancia más corta entre dos puntos:
lo bello y lo lejano. Jano: el primero en la formación.

Presocrático-Hernández.
Anita cree que viene del aire.
No cree en *Selecciones*.

Como en Primaria el colmo es la medida de todas las cosas,
trae cuadrícula chica
y *Alma Grande*.

Superior a cualquiera
Freire se creyó
y no trae útiles.

Garza despierta a punto de ser
asesinado por Bruto
y se salva por Brujo.

Algo a contra corriente:
al "pichojos" espera
la Comisión del Agua.

Todos buscan Refugio
contra Guerra
pero Refugio y Guerra
es uno solo.

Lucha se rasca,
el conocimiento es una costra.

Dulce maneja el más peligroso de los bienes:
el habla.

With Gaby the world acquires an urgency
it had never had:
she wants to go to the bathroom.

Evita, avoids thinking.

Do not move, Sevilla:
you are the *sequin of the world.*

Delfina passes messages.
Anyway: she is Finita.

Fernando is young. Pure theory.

Will Amador have let himself be loved?

Núñez is almost Romeo
with the taste of a kiss in his mouth
at the Carpentry workshop.

Dueños maybe
of a famous
surname,

will they ever say
what we are:
Juan de Dios at its purest.

Fructuoso will fail everybody.
But there'll be fruits.

They are croaking
but maybe the little toad
has died.

En Gaby adquiere el mundo una urgencia
que nunca había tenido:
quiere ir al baño.

Evita, evita el pensar.

No te muevas, Sevilla:
lentejuela del mundo eres tú.

Delfina pasa recados.
De cualquier modo: es Finita.

Fernando es joven. Pura teoría.

¿Se habrá dejado amar Amador?

Núñez casi es Romeo
con el sabor del beso en la boca
en el taller de Carpintería.

Dueños quizá
de un apellido
famoso,

alguna vez dirán
lo que somos:
Purito Juan de Dios.

A todos va a volar Fructuoso.
Pero habrá frutos.

Andan croando
pero posiblemente ha muerto
el sapito.

Once they lit the Bunsen burner,
or wanted a vacuum filtration flask
to understand the chemistry class.

They're already so high, and time will escape through
a beaker, by elimination
of a proton of an ion
in the re-agent where everything is turquoise.

There was nothing of a spell in those bodies
but they all fled paradise.

Alguna vez prendieron el mechero de Bunsen,
o querían un matraz de filtración al vacío
para entender la clase de química.

Tan altos ya, y el tiempo fugará por un vaso
de precipitado, por eliminación
de un protón de un ión
en el reactivo donde todo es turquesa.

Nada en aquellos cuerpos había de hechizo
pero todos huyeron del paraíso.

METALLIC BLUE REPORT

The true report book
in metallic blue
expresses the following:

part of the bouquet, Pablo Flores.
But will he have borne fruit?

Better yes, they entered Electricity.

They present Physics in a new exam.
You pass or I pass you.

Present arms: De Anda Ruz Carolina
pretends her voice.

Cedillo Aurora in 68
Does she deny the teacher?

Would Lydia jump the barrier of them all?

Mortal companions, they comfort themselves
kicking a ball.

I bet they have not done
their pushups.

Bonilla is the best of the list
of subjects: a snack.

Let's talk about the first one on the list.
The one who is made in his name.

REPORTE EN AZUL METÁLICO

El verdadero libro de reportes
en azul metálico
expresa lo siguiente:

parte del ramo, Pablo Flores.
¿Pero habrá dado frutos?

Siempre sí entraron a Electricidad.

Presentan física en extraordinario.
Pasan o los paso.

Presentan armas: De Anda Ruz Carolina
finge la voz.

Cedillo Aurora en el 68
¿desmiente al maestro?

¿Saltaría Lydia la barrera de todos?

Compañeros mortales, se consuelan
pateando una pelota.

Apuesto a que no han hecho
sus lagartijas.

Bonilla es lo mejor de la tira
de materias: refrigerio.

Hablemos del primero de la lista.
El que está hecho a su nombre.

There is only one of two: be a fool
or be a bastard.
Only Acosta is more than that.

He knows how to fight, he's going to punch Carlos.
This is going to be recorded as a fact
between facts: in metallic blue.

This is the first youth.
These are its gods.

No hay más que una de dos: se es güey
o se es cabrón.
Sólo Acosta es más que eso.

Sabe madrear, él va a madrear a Carlos.
Va a quedar como un hecho
entre los hechos: en azul metálico.

Esta es la primera juventud.
Estos sus dioses.

REPORT OF THE MOTHERS
FROM THE CENTER OF THE EARTH

Bonilla knows
that whoever contemplates Borja
is inventing her

Ema-Velia preaches perpetual movement.
Rosa lives in Unity.

Consuelo, do not care who's in charge.
You will be the bearer
of the ribbon.

The only law that Rosario admits
is Consuelo's, the only law that admits
Consuelo, is Rosario's.
And I was going to Law School.

They lived off their gods.
Today we'll take geography with the "Big Bear"
or with the "Fat Twinky,"
in her circumference
they are confused
the beginning and the end...

Agustín Lavanzat, Civility
is never
old fashioned.

Andrade: the gift of captivating and nobody
dies
of that.

REPORTE DE LAS MADRES
DEL CENTRO DE LA TIERRA

Bonilla sabe
que quien contempla a Borja
la está inventando

Ema-Velia predica el movimiento perpetuo.
Rosa vive en la Unidad.

Consuelo, no te fijes quién manda.
Tú serás quien porte
la banda.

La única ley que admite Rosario
es la de Consuelo, la única ley que admite
Consuelo, es la de Rosario.
Y yo que iba a Leyes.

Vivían de sus dioses.
Hoy toca geografía con la "Osa Mayor"
o con la "Twinky Gorda",
en su circunferencia
se confunden
el principio y el fin...

Agustín Lavanzat, el civismo
no pasa
de moda.

Andrade: el don de cautivar y nadie
se muere
de eso.

If Esther Arana is real
life, English
is worth an official
flee.

What does Lucecita look at?
It must be San Jerónimo
naked.
You're praying and I'm sweating!

Comrade Fausto wants first page,
the unquestionable right
to information.

For now he's been left without the right to examination.

So until new order.
Until our lives meet again
in Tlatelolco.

Is it true that in the center of the earth,
the life, our life, Margarito,
is woven by some mothers?

Or that's
pure
mothers.

Anyway, what a pity Margarito.

Si Esther Arana es la vida
Real, inglés
bien vale una fuga
oficial.

¿Qué mira Lucecita?
Ha de ser san Jerónimo
desnudo
¡Tú rezas y yo sudo!

El compañero Fausto quiere primera plana,
indudable derecho
a la información.

Por lo pronto ha quedado sin derecho a examen.

Así hasta nueva orden.
Hasta que nuestra vida vuelva a encontrarse
en Tlatelolco.

¿Será verdad que al centro de la tierra
la vida, nuestra vida, Margarito,
la tejen unas madres?

O serán
puras
madres.

De cualquier modo, lástima Margarito.

ASTRO BOY'S REPORT

Astro Boy please connect to the Earth.
Meet the social worker.
She has already returned from her honeymoon.

Here comes Cidronio
the floor prefect
with someone audacious who wanted to climb the fence.

Franco, wouldn't be him?
Franco
would have to be
or not to be.

Astro-boy stands out from the cartoon,
should Ramón Ojeda portray him?
Nobody has yet reached *Metro City*.

Mixcóatl: the golden age.
Escamilla:
The golden boat.

Get over it, Galicia, do what king Solomon
says:
"This will pass"…

"Nothing exists," proclaims Suárez del Real
yet he is a standard-bearer.

Would not Jurado swear in vain the name
of God?

REPORTE DE ASTRO BOY

Astro Boy conéctate a tierra.
Ve con la trabajadora social.
Ya regresó de su luna de miel.

Ahí viene Cidronio
el prefecto de piso
con un audaz que quiso trepar la barda.

¿Franco no habría de ser?
Franco
tendría que ser
o no ser.

Astro-boy sobresale de la caricatura,
¿debe Ramón Ojeda pintarlo a él?
Nadie ha llegado aún a *Ciudad Metro*.

Mixcóatl: la edad de oro.
Escamilla:
La barca de oro.

Sobreponte, Galicia, haz lo que dice el rey
Salomón:
"Esto ya pasará"…

"Nada existe", proclama Suárez del Real
y es abanderado.

¿No juraría el nombre de Dios en vano
Jurado?

Nobody has started
to read "El Diosero"
but they imagine it…

Delgado makes it big: if he knew it
he wouldn't tell, if he were asked,
he wouldn't know.

I always wanted to know what does Delgado taste like.

Librada was so well rid
that she was touched by a righteous one. Justo and necessary.

Curvy? Casillas Montes Juana Patricia!
What well-found houses in Casillas!
Today true deep engineering
in the hands of Pichojos.

Castro is already in the world:
Does he sell pleasure?
I didn't buy anything from the Castro brothers.

Díaz: pure spinning.

At the end of the class, everything is a lie.
No one honors his name.

Vacations were the gate to hell.
Justo imposes the law without appetites.
It is done right there.

Let's see Angélica, the thirty-four.
Are we going to see Hamlet?
Today they present it in the school next
to the Normal.

Nadie ha empezado
a leer "El Diosero"
pero se lo imaginan...

Delgado la hace gorda: si supiera
no lo diría, si preguntaran
no lo sabría.

Siempre quise saber a qué sabía Delgado.

Librada de tan bien librada
la palpó un justo. Justo y necesario.

¿Buena? ¡Casillas Montes Juana Patricia!
¡Qué casas bien halladas en Casillas!
Hoy verdadera ingeniería profunda
en manos del Pichojos.

Castro ya está en el mundo:
¿vende placer?
A los hermanos Castro no les compré.

Díaz: puro girar.

Al terminar la clase todo es mentira.
Nadie hace honor a su nombre.

Las vacaciones fueron la entrada al infierno.
Justo impone la ley sin apetitos.
Se hace ahí mismo.

A ver Angélica, la treinta y cuatro.
¿Vamos a ver Hamlet?
Hoy lo dan en la escuela anexa
a la normal.

Come here, sweetheart.
To whom wasn't thrown a ceramic
vase?

Díaz Rico once
spoke so loudly to the "atom"
that he ionized his lack of respect.

Poblador: if it were by me, don't stop!

Margarita del Valle,
you'll be saved...

Esther Godínez excels in beauty culture
even without material.

Guevara plays "Scruples."
I do not know about other
scars.

At night I get up dancing with her
and in the morning the sea has my bed.

And Leticia is still a Blanca
page.
Blanca: fear of pure color.
No news at the front with Bertha del Pilar.

Flor has the right to the environment.

Mateos is on the way.

Yolanda found gold.

Ven acá, corazón.
¿A quién no le arrojaron un jarrón
de cerámica?

Díaz Rico alguna vez
le habló tan fuerte al "átomo"
que ionizó su falta de respeto.

Poblador: ¡por mí, no te detengas!

Margarita del Valle,
te has de salvar…

Esther Godínez cumple en cultura de belleza
aun sin material.

Guevara juega "Escrúpulos".
No sé sobre las otras
cicatrices.

De noche me levanto bailando con ella
y el mar por la mañana tiene mi cama.

Y todavía Leticia es una página
en Blanca.
Blanca: miedo al color puro.
Sin novedad con Bertha del Pilar en el frente.

Flor tiene derecho al medio ambiente.

Mateos va de camino.

Yolanda encontró oro.

López Padilla has begun to make
The Cover page of Esperanza:
The body itself.

López Padilla ha comenzado a hacer
La Portada de la Esperanza:
El cuerpo mismo.

REPORT OF BEING-THERE

Prado: you laugh a lot.
El Prado laughs a lot.
Campos, you're a pain in the ass!
Los Campos are a truly pain.

Is it that Sara and her brother don't sing anymore?
Artemio plays with the dictionary
even without being there.

Virgilio plays with the fictionary
and with *being-there*.

Ah, Salazar, dozing by now.
He is one of the magicians.

An invitation to Dance: Magdalena.
"And her name is not Soto, Soto is her last name"
the history guy will put her in the middle of the applause
when she has tried to call his attention…

Hernández has something in his throat
with which he makes animal
noises:

A chalk? A small piece
of artillery at that time.

Submerged in the theory of substances,
Franco expels gases
and it is written that he moans wildly.

Blanca, she does not heat up.

REPORTE DEL SER AHÍ

Prado: ríes mucho.
El Prado ríe mucho.
¡Campos, te pasas!
Los Campos se pasan.

¿Es que Sara y su hermano no cantan ya?
Artemio juega con el diccionario
aun sin estar ahí.

Virgilio juega con el ficcionario
y *con el ser ahí*

Ah, Salazar, dormita por el momento.
Es uno de los magos.

Invitación a la Danza: Magdalena.
"Y no se llama Soto, se apellida Soto"
la centrará el de historia en medio del aplauso
cuando ella ha pretendido llamarle la atención…

Hernández algo trae en la garganta
con que produce ruidos
de animales:

¿Un gis? Una pequeña pieza
de artillería de la época.

Sumido en la teoría de las substancias,
arroja Franco gases
y está escrito que gime desaforadamente.

Blanca, no se calienta.

Ríos, write your treaty
with a copy to Palacios.
Please tell that we were sponsored by a deputy.

"To think that history starts here / as an infected
organ," Virgilio is still that of the Aeneid
who more than two thousand years away
is Virgilio Torres already.

The report book is now in my hands:
small lyrics, a dangerous songbook.

The *report* book is the *scrapbook*.
On page 30 I planned to take you to a neighborhood.
To try excitements with you, and
for example, on page 5 a serious thing happens:
I see in Villegas's eyes that not everything is matter.
I'm an assembly hall! A book of reports!

I would report again
that Jano cannot stand still
and the reason is Clara.

And this is what I want to report, that
everything counts in your eyebrows, Gualberto.

And how, despite so many years
las Flores revalidate the subject?

Should I fine them?
Who could fine them.

Ríos, haz tu tratado
con copia a Palacios.
Cuenta que nos apadrinó un Diputado.

"Y pensar que la historia empieza aquí / como un órgano
infectado", Virgilio sigue siendo el de la Eneida
que a más de dos mil años de distancia
ya es Virgilio Torres.

El libro de reportes, es ahora en mis manos:
letrilla, peligro cancionero.

El libro de *reportes* es el libro de *recortes*.
En la página 30 planeé llevarte a un barrio.
Probar excitaciones contigo, y
por ejemplo en la 5 pasa una cosa seria:
en los ojos de Villegas veo que no todo es materia.
¡Soy salón de actos!, ¡Libro de reportes!

Reportaría otra vez
que Jano no se puede estar quieto
y la razón es Clara.

Y esto es lo que quiero reportar, que
en tu entrecejo todo cuenta, Gualberto.

¿Y cómo que a pesar de tantos años
las Flores revalidan la materia?

¿Multarlas debería?
Multarlas quién podría.

A meeting of flowers at the Secretariat.
Catalina gave a jump
into the night
as she deserved
and now this is called
Comptroller's Office.

Junta de flores en Secretaría.
Catalina dio un salto
hacia la noche
como ella merecía
y a esto llaman ahora
Secretaría de la Contraloría.

THE CRO-MAGNON CAVE REPORT

There is an original of the report book
in the coat of Mr. Magnon.

It's a fruit of the matter that shapes us
– meteoric iron. –

I know. I left it there myself.
I would go back to look for Ever

in an unsuspected high school
of that time, whose decoration transmits
warm air.

Go with the flock.
– Reyes Fournier wants to carry them all –
and I only can report that he just
got a delay.

He runs as a champion would do.
He has blown the fence and snatches from me
the book that scrolls.
Book of Reyes, only the land of the dead
can stop
his career.

A marked book:
its language is unknown today
and I make it up:

He disembarked willing to conquer.
He discovered the lake that bears his name.

REPORTE DE LA CUEVA DE CRO-MAGNON

Hay un original del libro de reportes
en el abrigo del Señor Magnon.

Fruto del material que nos forma
– hierro meteórico –.

Lo sé. Yo mismo ahí lo dejé.
Volvería hacia atrás por ver a Ever

en una insospechada secundaria
de la época, cuya decoración transmite
aire cálido.

Vaya con esa grey.
– Reyes Fournier quiere cargarlos a todos –
y únicamente puedo reportar que acaba
de ganarse un retardo.

Corre como correría un campeón.
Se ha volado la barda y me arrebata
el libro que recorre.
Libro de Reyes, sólo el país de los muertos
puede detener
su carrera.

Libro marcado:
su lenguaje es hoy desconocido
e invento:

Desembarcó dispuesto a conquistar.
Descubrió el lago que lleva su nombre.

Because I am aging between surnames and rowing
up to my name
that has been modified
like everyone else
and maybe it says to the margin: he divided,
reigned, ransacked successfully,

the poison was here,

a heart's immensity.
Or a graffiti is scribbled
already forbidden.

Back, graffiti artists!
I want to be alone for a moment
with this open book
that respects the past
like an honest thief.

Unique among the books that respects the past.

It's not useful anymore, it has no commercial value
but it has become so
Manorial

that, lords of the atrium, I do not age.
I'm lording, just lording.
An age comes in which one lords.
You understand it more clearly:
one was interrupted by bad weather.

That one was interrupted by bad weather,
is it clear?

Porque envejezco entre apellidos y remo
hasta mi nombre
y se ha modificado
como el de todos
igual y dice al lado: dividió,
reinó, saqueó con éxito,

aquí estuvo el veneno,

la inmensidad de un corazón.
O se garabatea en un grafiti
prohibido ya.

Grafiteros, ¡atrás!
Deseo quedar a solas un momento
con este libro abierto
que respeta el pasado
como un ladrón honrado.

Único entre los libros que respeta el pasado.

No sirve ya, no tiene valor comercial
pero ha pasado a ser tan
Señorial

que, señores del atrio, no envejezco.
Señoreo, solamente señoreo.
Llega una edad en que uno señorea.
Lo comprendes más claro:
uno se interrumpió por el mal tiempo.

Que uno se interrumpió por el mal tiempo,
¿Está claro?

With a book of depths under the arm,
with a book of arms under the arm
holding the arms of the famous thirteen
and of those who will come

for all of us who remain in the grotto
on the cliff of Cro-Magnon.
Those attacked by the Smoke Complex

Sacrilege
Whim
Captaincy

The authority of the Pope, inmates.

Let us patiently wait for the bell ringing.
Let's wait for the ringing, the bell:
the zero in behavior.

The report... reports
a city of many lights
at the bottom of the Cave of Cro-Magnon.

It brings a little of everyone's map
to get to the fort.

The princess, the he-princess.

Highs, lows, years of trial and error.
From island to island, through the old Pacific.
Our vessel carrying that book.
The stream that
finally devastated it.

From here to the church, to the main temple.

Con un libro de fondo bajo el brazo,
con un libro de brazos bajo el brazo
del brazo de los trece de la fama
y los que vendrán

por todos los que seguimos en la gruta
en el acantilado de Cro-Magnon.
Los atacados del Complejo del Humo

Sacrilegio
Capricho
Capitanía

Autoridad del Papa, prisioneros.

Esperemos pacientemente el toque.
Esperemos el toque, la chicharra:
el cero en conducta.

El reporte... reporta
una ciudad de muchas luces
al fondo de la Cueva de Cro-Magnon.

Trae un poco del mapa de cada uno
para ir al fuerte.

La princesa, el princeso.

Altas, bajas, años de tanteos.
De isla en isla, por el viejo Pacífico.
Nuestro navío llevando aquel libro.
La corriente por fin
que lo arrasó.

De aquí a la iglesia, a templo mayor.

I have the Book, gentlemen,
I'll become a priest.

I have the Book: peace and war.

The whole of humanity has put itself
under the table. The whole of humanity
has been reported.

There are reports of flowers,
birthdays, insects,
but there's still one butterfly
to arrive…

It's worth a stranger who trembles.

And paying rescue gold for the unknown
question of the archive: the rock.
Someone takes the chewing gum out of his mouth,
someone who screams or blows
near the dead sea.
What, did I miss something here?
Man, of course!

She is Luz, who opens the account of life…

The Book is sealed by a key:
Understood, Vikings? You will not open this book,
you have signed an act of supremacy,
you have lived:
a wonderful act
of uniformity.

Libro traigo, señores,
me voy de cura.

Libro traigo: la paz y la guerra.

La humanidad entera se ha metido
debajo de la mesa. La humanidad entera
tiene reporte.

Se reporta de flores,
de cumpleaños, de insectos,
pero una mariposa todavía está
por llegar…

Vale por un desconocido que tiembla.

Y oro de rescate, por la desconocida
pregunta del archivo: la roca.
Alguien se saca el chicle de la boca,
alguien que grita o sopla
cerca del mar muerto.
¿Qué, me ha faltado algo aquí?
¡Hombre, que sí!

Es Luz, que abre la cuenta de la vida…

Sella el Libro una clave:
¿Entendido, vikingos? No abriréis este libro,
habéis firmado un acta de supremacía,
habéis vivido:
maravilloso acto
de uniformidad.

You have been in a Diurnal High School
Number Four, the truth of the morning shift
is on you.

The parents' society
can hurt.

I warn you as a son of the treasurer.
It can hurt.

I am, without having being grown, I am
a fossil, I know.
I am flesh and bones.
I am late to the party
of primitive man.

I steal dreams. Bold mammal.

I have learned to use the theorem
of the warm blood;
I am skull and bones: I light fire!

This is the historical sun.

Understood, Vikings. You will not open this sheet
before the sun goes down.

The heart of the night is not properly a god
but it is true that he wants to devour the sun itself
and that he will last
until the end.

Habéis estado en una Secundaria Diurna
Número Cuatro, ya os cubre la verdad
del turno matutino.

La sociedad de padres de familia
puede doler.

Lo advierto como hijo que soy del tesorero.
Puede doler.

Soy, sin haber crecido, soy
un fósil, lo sé.
Soy carne y huesos.
Llego tarde a la fiesta
del hombre primitivo.

Robo sueños. Atrevido mamífero.

He aprendido a valerme del teorema
de la sangre caliente;
soy cráneo y huesos: ¡enciendo fuego!

Este es el sol histórico.

Entendido, vikingos. No abriréis este pliego
antes de la caída de la tarde.

No es propiamente un dios el corazón de la noche
pero es verdad que quiere comerse al mismo sol
y habrá de perdurar
hasta el fin.

THIEF OF AUTOGRAPHS

Do not ever question a thief
of autographs. His secret makes the police
shudders. He steals the same heat
that saves a group, he takes it at intervals
in the deadly sway of any cabin.
He makes dust the claim "come back often,"
tests the ultramarine simplicity of "remember"
and from his lips he licks treacherous salt.

Where else but on a ship you can read a
"follow as a pole the wise advice
of your parents," yet through a lightning bolt
that takes you to the twilight, to the cool.

Brag to the wind: I know very well where I am.
I come from talking so much about lilies,
tears they are, a *summary in e minor…*

I'm about to believe that I just released the group:
I will cut the exact rhythm of its breaths.
I will cross the bay.
I will take a train.

"Wherever you go" takes it to chance
and in its entrails: "have faith" launches to the sea
the real sailing ship.

A "may God wants to" transports people or things
to the open sea where prophecies hurt us,
to the "you'll get far" that close to us becomes
"pray for me," and very clear, it's another panorama
of the port, once exceeded the continental strip.

LADRÓN DE AUTÓGRAFOS

No preguntes jamás a un ladrón
de autógrafos. Su secreto estremece
a la policía. Roba el calor mismo
que salva a un grupo, lo sustrae a intervalos
en el vaivén mortal de algún camarote.
Hace polvo el reclamo "vuelve seguido",
prueba la sencillez ultramarina de "acuérdate"
y de sus labios lame pérfida sal.

Dónde sino en un barco puede leer un
"sigue como asta los sabios consejos
de tus padres", sino a través de un relámpago
que le lleva al crepúsculo, hacia el fresco.

Contra viento porfía: sé muy bien dónde estoy.
Vengo de tanto hablar de azucenas,
lágrimas son, *sumario en mi menor...*

Estoy por creer que acabo de soltar al grupo:
cortaré el ritmo exacto de sus respiraciones.
Cruzaré la bahía.
Tomaré un tren.

"Que adonde vayas", lo encamina al acaso
y en sus adentros: "ten fe" bota al mar
el verdadero buque de vela.

Un "quiera Dios" transporta personas o cosas
al mar abierto donde nos duelen los vaticinios,
al "llegarás lejos" que de cerca se vuelve
"ruega por mí", y es claro, es otra panorámica
del puerto, al rebasar la franja continental.

Do not ever question a thief
of autographs about the moonbeam
stolen at midnight, with which he falsifies the signature
to understand the days that passed
and those that will come.

Do not try to approach that bastard
neither fall into his nets, because his caravel
is a fresh-water one: "make your dreams come true"
a hit to port, is to give the autograph,
to feed the captain who rules
your heartbeats.

Because time is a subtle
Admiral who serves the years in their own ink,
it's worth a cocktail of gazes à la carte,
he stirs the water, goes through the masses and says
"may you be famous, may the doors be open
for you."

He tends the magic carpet, the future,
he writes: "you are worth it," sounds like ultrasound,
"achieve," fast, "plan," technological,
"win medals," sounds like a naval war
then it remains "may you be happy, I hope
you'll be happy."

Who does not carry in the soul a teacher-ship,
a ghost class that takes in the future,
a long chill that runs through the classroom,
who has not died the day when autographs
were asked for.

No preguntes jamás a un ladrón
de autógrafos, por el rayo de luna
hurtado a media noche, con que falsea la firma
para entender los días que pasaron
y los que vendrán.

No intentes abordar a aquel bastardo
ni caigas en sus redes, porque su carabela
es de agua dulce: "Haz realidad tus sueños"
golpe a babor, esto es dar el autógrafo,
dar de comer al capitán que ordena
tus latidos.

Porque el tiempo es sutil
almirante que sirve los años en su tinta,
vale por un coctel de miradas a la carta,
agita el agua, cruza las masas y dice
"que seas famoso, que se te abran
las puertas".

Tiende la alfombra mágica, el futuro,
escribe: "vales", suena a ultrasonido,
"logra", veloz, "planea", tecnológico,
"gana medallas", suena a guerra naval
y queda "que seas feliz, espero
que seas feliz".

Quién no lleva en el alma un profesor barco,
una clase fantasma que se toma a futuro,
un largo escalofrío que recorre el salón,
quién no ha muerto el día que se pidieron
autógrafos.

When the wave still did not break
and she smiled at you with her chain in her hands,
Do you listen to her voice saying: be number one?
She is going to the center of the world
in a ship that you have gotten off on time.

There they'll go the guide, the merchant, the actor,
they will listen to the New Year's tape again,
background, the song: "where will it go, that little boat
that crosses the quiet sea, that crosses the sea?"

Always an illusion and you are not in the group,
you have stolen the autograph, a blood pact,
you have taken a first digital step.

In the distance applaud the guide, the merchant,
the spectrum, the stain, is anyone missing?
They emerge, they float, they urge the actor
toward the theater season...

In order that you do not perceive the voice of the keeper
when he claims that there is wind in the mast
and you have stopped seeing Dulcinea
do not *decipher the sea in your senses*, do not ever
question
a thief of autographs.

Cuando la ola aún no reventaba
y ella te sonreía con su cadena en las manos,
¿oyes su voz diciendo: sé el número uno?
Ella va al centro del mundo
en una nave que has dejado a tiempo.

Irán el guía, el comerciante, el actor,
volverán a escuchar la grabación de Año Nuevo,
fondo, canción: "¿adónde irá ese barquito
que cruza la mar serena, que cruza la mar?"

Siempre ilusión y tú no estás en el grupo,
has robado el autógrafo, pacto de sangre,
has dado un primer paso digital.

A lo lejos aplauden el guía, el comerciante,
el espectro, la mancha ¿falta alguien acaso?
Emergen, flotan, urgen al actor
hacia la temporada de teatro…

Para que no percibas la voz del vigía
cuando reclame que en el mástil hay viento
y has dejado de ver a Dulcinea
no *descifres el mar en tus sentidos*, no preguntes
jamás
a un ladrón de autógrafos.

Carlos Santibáñez Andonegui

He was born in Mexico City on April 1st, 1954. He died in his hometown on February 12, 2018. Poet and narrator. He studied Spanish Language and Literature in the Faculty of Philosophy and Literature of the UNAM (1977) and years later he studied Law, also at UNAM (1995).

He was a co-founder of the Liberta Sumaria publishing house and the Nautilium group. He published the following books of poems: *Diecinueve bajo cero* (Liberta Sumaria, Mexico, 1979); *Para decir buen provecho* (Liberta Sumaria, Mexico, 1980); *Cero y van dos* (Liberta Sumaria, Mexico, 1981), *Llega el día: vuelven los brindis* (Oasis, Libros del Fakir, México, 1984); *Fiestemas* (Punto de partida, Mexico, 1986); *Glorias del Eje Central* (Nautilium, Mexico, 1993); *Con luz en persona* (Ediciones Mixcóatl, México, 2000), *Ofrezca un libro de piel* (Ediciones Coyoacán, Col. Reino imaginario, México, 2005) and *Poemas de por vida* (Ediciones Fósforo, México, 2018).

His work is included in the following anthologies: *Asamblea de poetas jóvenes de México*, Gabriel Zaid (Siglo XXI Editores, Mexico, 1980); *Palabra nueva, dos décadas de poesía en México*, by Sandro Cohen (Premià, Libros del Bicho México, 1980); *Poesía erótica mexicana*, by Enrique Jaramillo Levi (Domés, México, 1982); *Recorrer las ciudades* (Punto de Partida magazine / Coordination of Cultural Diffusion UNAM, Mexico, 1986); *Quinientos años de poesía en el Valle de México*, by Aurora María Saavedra (Extemporáneos, México, 1986); *La región menos transparente: antología poética de la Ciudad de México*, by Héctor Carreto (Secretariat of Culture of the Federal District / Colibri, Mexico, 2003); and in the *General Anthology of Mexican Poetry: Poetry of Present-day Mexico, from the second half of the 20th century to the present*, compilation by Juan Domingo Argüelles (Océano, Intemporales, México, 2014).

He was a professor of literature at the Institutes: Juventud, Superior de Estudios Comerciales, and Técnico y Cultural; in the FES Aragón, the College of Bachelors and in La Salle University; he was also the coordinator of the Fuego Nuevo literary workshop and coordinator of the literary creation workshop at the Venustiano Carranza Delegation.

He collaborated on the following publications: *Auto Noticias, Boletín de Filosofía y Letras, Cuadernos Americanos, El Gallo Ilustrado, Poesía Mexicana de Hoy, Prefacio, Punto de Partida, Revista de Bellas Artes, Zona Magazine, Siempre! Magazine* and *Versus*.

He was a fellow of INBA / FONAPAS in poetry in 1980; and of FONCA with Editorial Nautilium in 1993.

Carlos Santibáñez Andonegui

Nació en la Ciudad de México el 1o. de abril de 1954. Falleció el 12 febrero de 2018 en su ciudad natal. Poeta y narrador. Estudió Lengua y Literatura Hispánicas en la Facultad de Filosofía y Letras de la UNAM (1977) y años más tarde estudió la carrera de Derecho, también en la UNAM (1995).

Fue cofundador de la editorial Liberta Sumaria y del grupo Nautilium. Publicó los siguientes poemarios: *Diecinueve bajo cero* (Liberta Sumaria, México, 1979); *Para decir buen provecho* (Liberta Sumaria, México, 1980); *Cero y van dos* (Liberta Sumaria, México, 1981), *Llega el día: vuelven los brindis* (Oasis, Libros del Fakir, México, 1984); *Fiestemas* (Punto de partida, México, 1986); *Glorias del Eje Central* (Nautilium, México, 1993); *Con luz en persona* (Ediciones Mixcóatl, México, 2000), *Ofrezca un libro de piel* (Ediciones Coyoacán, Col. Reino imaginario, México, 2005) y *Poemas de por vida* (Ediciones Fósforo, México, 2018).

Su obra está incluida en las siguientes antologías: *Asamblea de poetas jóvenes de México*, de Gabriel Zaid (Siglo XXI Editores, México,1980), *Recorrer las ciudades* (Ediciones de la revista Punto de Partida / Coordinación de Difusión Cultural UNAM, México, 1986); *Palabra nueva, dos décadas de poesía en México*, de Sandro Cohen (Premiá, Libros del Bicho, México, 1980); *Quinientos años de poesía en el Valle de México*, de Aurora María Saavedra (Extemporáneos, México,1986); *Poesía erótica mexicana*, de Enrique Jaramillo Levi (Domés, México, 1982); *La región menos transparente: antología poética de la Ciudad de México*, de Héctor Carreto (Secretaría de Cultura del Distrito Federal / Colibrí, México, 2003); y en *Antología general de la poesía mexicana: poesía del México actual, de la segunda mitad del siglo XX a nuestros días*, compilación de Juan Domingo Argüelles (Océano, Intemporales, México, 2014).

Fue profesor de literatura en los Institutos Juventud, Superior de Estudios Comerciales, Técnico y Cultural; en la FES Aragón, el Colegio de Bachilleres y en la Universidad La Salle; así mismo fue coordinador del taller literario Fuego Nuevo y del taller de creación literaria de la delegación Venustiano Carranza.

Colaboró en las siguientes publicaciones: *Auto Noticias, Boletín de Filosofía y Letras, Cuadernos Americanos, El Gallo Ilustrado, Poesía Mexicana de Hoy, Prefacio, Punto de Partida, Revista de Bellas Artes, Revista Zona, Revista Siempre!* y *Versus.*

Fue becario del INBA/FONAPAS en el género de poesía en 1980; y del FONCA con la Editorial Nautilium en 1993.

Bibliographical notes / Notas Bibliográficas

[1] *Glorias del Eje Central,* Carlos Santibáñez Andonegui (Nautilium, México, 1993).

[2] *Fiestemas,* Carlos Santibáñez Andonegui (Punto de partida, México, 1986).

[3] *Catulinarias y Sáficas, poesía,* Raúl Renán (Ediciones El Tucán de Virginia, México, 1981).

[4] *Fausto,* Johann Wolfgang von Goethe (Universidad Nacional de México, SEP, México, translated into Spanish by J. Roviralta Borrell, 1924).

[5] (English) *Prelude in the Theater,* a play with the characters: The Director, The Dramatic Poet and The Funny, in the first part of Goethe's *Faust,* a novel of the romantic genre by the writer, poet, playwright, scientist and novelist of German romanticism.

[5] (Español) *Preludio en el teatro,* representación en escena con los personajes: El Director, El Poeta Dramático y El Gracioso, en la primera parte de la tragedia de *Fausto,* novela del género romántico del escritor, poeta, dramaturgo, científico y novelista del romanticismo alemán J. W. von Goethe.

[6] *Diecinueve bajo cero,* Antología poética, Carlos Santibáñez Andonegui (Liberta Sumaria, A C, México, 1979).

[7] *Con luz en persona,* Carlos Santibáñez Andonegui (Ediciones Mixcóatl, México, 2000).

[8] *Las urgencias de un Dios,* Enriqueta Ochoa (Ediciones "Papel de poesía"; México, Torreón, Coahuila, 1952).

[9] *Casi el paraíso,* Luis Spota (Contemporánea, México, 2014).

Darklight Publishing

"BRIDGES" BILINGUAL POETRY SERIES /
COLECCIÓN BILINGÜE DE POESÍA "BRIDGES"

1. *In the Fire of Time / En el fuego del tiempo*
María Ángeles Juárez Téllez

2. *Songs of Mute Eagles / Canto de águilas mudas*
Arthur Gatti

3. *Axolotl Constellation / Constelación Axólotl*
Alejandro Reyes Juárez

4. *Trace / Traza*
Iliana Rodríguez

5. *Am I my Brother's Keeper? / ¿Soy el guardián de mi hermano?*
Bernard Block

6. *Postmodern Valladolid / Valladolid posmoderna*
Raúl Casamadrid

7. *The Body's Politics / La política del cuerpo*
Jessica Nooney

8. *Amidst Water and Mud / Entre el agua y el lodo*
Héctor García Moreno

9. *Ritual of Burning Flesh / Ritual de la carne en llamas*
Maribel Arreola Rivas

10. *In Memory of the Kingdom / En memoria del reino*
Baudelio Camarillo

11. *On a Timeless Path / Por un sendero sin tiempo*
Rosario Herrera Guido

Made in the USA
Monee, IL
08 March 2020

22893646R00162